BU
DAP
EST
INSIDER-TIPP
Deine Abkürzung ins Erleben!
Reisen mit MARCO POLO
Insider-Tipps

MARCO POLO TOP-HIGHLIGHTS

GELLÉRT-BAD ★1
Das Thermalbad im Jugendstil ist innen wie außen mit Abstand das schönste in ganz Budapest.

➤ S. 31

BURGPALAST ★2
Das monumentale Bauwerk mit seinen Museen thront hoch oben auf dem Budaer Burgberg (Foto).

📷 *Tipp: Geh ganz nach hinten zum Steg, um von weniger Touristen umgeben großartige Panoramabilder zu schießen.*

➤ S. 34

FISCHERBASTEI ★3
Ein idealer Ort, um sich in Budapest zu verlieben, denn der Ausblick ist wunderbar.

➤ S. 36

MARGARETENINSEL ★4
Die Park- und Freizeitanlage ist eine Oase der Entspannung und ein angesagter Treffpunkt für lange Partynächte.

📷 *Tipp: Mach dich auf die Suche nach der um 1810 gepflanzten Platane. Ihr gewaltiger herabhängender Ast sieht aus wie eine Schaukel – ein schönes Motiv.*

➤ S. 37

PARLAMENT ★5
Wahrzeichen ohne Wenn und Aber – trotz der politischen Missstände im Land wirkt der Anblick des Parlaments einfach hypnotisierend.

📷 *Tipp: Geniale Fotos lassen sich von der anderen Flussseite aus schießen – eine Metrostation bis Batthyány tér und ab zum Donauufer.*

➤ S. 39

SANKT-STEPHANS-BASILIKA 6

Es mag gruselig klingen, aber in der größten Kirche Budapests ruht die „Heilige Rechte" des Nationalheiligen König Stephan.

Tipp: Für spannende Perspektiven nähere dich aus der Zrínyi utca und fotografier von so weit weg wie möglich.

➤ S. 41

HELDENPLATZ 7

Mit seinen Denkmälern und Museen ist dieser Platz eine Art nationales Gesamtkunstwerk.

➤ S. 46

SYNAGOGE IN DER DOHÁNY UTCA 8

Das imposante Gotteshaus mit den Zwiebeltürmen ist die größte Synagoge Europas.

➤ S. 53

NEW YORK KÁVÉHÁZ 9

Prunkpalast der Extraklasse: Das traditionsreiche Café bietet royalen Glanz.

➤ S. 68

ZENTRALE MARKTHALLE 10

Ihre Architektur, das bunte Treiben und das große Warenangebot machen sie zu einem der beliebtesten Hauptstadttreffpunkte.

Vom 1. Stock aus hast du einen super Überblick über die symmetrisch angeordneten Stände und ihre Auslagen.

➤ S. 85

INHALT

BESSER PLANEN
MEHR ERLEBEN!

Digitale Extras
go.marcopolo.de/app/bud

⏱	Besuch planen	☂	Bei Regen
€–€€€	Preiskategorien		Low Budget
(*)	Kostenpflichtige Telefonnummer		Mit Kindern
			Typisch

(A2) Herausnehmbare Faltkarte
(a2) Zusatzkarten auf der Faltkarte
(0) Außerhalb des Faltkartenausschnitts

DAS BESTE ZUERST

Umwerfend schön: Blick von der Fischerbastei auf das Parlament

BEST OF

BEI REGEN

SCHÖN, AUCH WENN ES REGNET

SONNTAGSBRUNCH
Verregnete Sonntage eignen sich bestens, um es langsam angehen zu lassen. Im *Déryné Bisztró* kannst du das in schicker Umgebung, bei relaxter Livemusik und ausgedehntem Brunch.
➤ S. 70

FAST FOOD ZUM ANBEISSEN
In der *Zentralen Markthalle* gibt's alles, was Ungarn an Köstlichkeiten zu bieten hat. Im 1. Stock kannst du dir den berühmten Kartoffel-Hefefladen *lángos* (Foto) gönnen: am besten typisch ungarisch, mit saurer Sahne und Käse.
➤ S. 85

BUDAPESTER UNTERWELT
Budapest ist auch eine Stadt der Höhlen: In den Budaer Bergen kannst du in der *Pálvölgyi-Höhle* und der *Szemlőhegyi-Höhle* in die Tiefe hinabsteigen und die Hauptstadt von unten bewundern.
➤ S. 58

KUNSTFANS BLEIBEN TROCKEN
In der *Ungarischen Nationalgalerie* lässt es sich selbst bei ganztägigem Regen wunderbar aushalten mit Gemälden und Skulpturen aus den Jahrhunderten. Café und Museumsshop sind auch nicht zu verachten.
➤ S. 34

HOPFEN UND MALZ
Hier bleibst du zwar nicht trocken, aber dem Regen entgehst du trotzdem auf geniale Art und Weise. Das *Beer Spa* bietet alles, was man sich bei schlechtem Wetter wünscht: Wärme, Ruhe und (auch alkoholfreies) Bier.
➤ S. 106

WO SICH BÜCHERWÜRMER ENTSPANNEN
Bei Regen liest es sich irgendwie noch besser, nicht? Im *Massolit Books & Café* gibt's dazu heißen Kaffee und Tee und eine großartige Buchauswahl.
➤ S. 83

BEST OF LOW-BUDGET

FÜR DEN KLEINEN GELDBEUTEL

SIGHTSEEING AUF SCHIENEN

Mit der *Straßenbahnlinie 2* (Foto) erlebst du Budapests schönste Seiten im Alltag (möglichst nicht während des Berufsverkehrs, dann ist es zu voll). Am besten ist ein Sitzplatz zur Donau hin – für das ganze Panorama von der Margaretenbrücke bis zum Palast der Künste.

➤ S. 130

JAZZ MIT STIL

Wenige Gehminuten vom Kálvin tér entfernt befindet sich im Budapest Music Center der *Opus Jazz Club* – ein Geheimtipp für Fans von Jazz und Kammermusik. Der Eintritt ist ein absolutes Schnäppchen, und es gibt sogar kostenlose Konzerte.

➤ S. 99

FITNESS FÜR NULL

Sport muss bekanntlich nicht immer etwas kosten, außer so einige Kalorien. Umso besser, dass es in Budapest mehrere Open-Air-Fitnessstudios gibt, die jedem offenstehen. Besonders beliebt sind die *Fitnessgeräte unter der Margaretenbrücke,* die vor allem Jogger gern in Anspruch nehmen.

➤ S. 106

KULTURTERMIN AN FEIERTAGEN

An den drei Nationalfeiertagen 15. März, 20. August und 23. Oktober bieten viele der Budapester Museen, darunter das *Museum der Bildenden Künste,* zur Feier des Tages freien Eintritt für alle.

➤ S. 47

ISS DICH ZUM SPARFUCHS

Sightseeing ist spannend – aber du hast Hunger bekommen? Dann frag doch im Restaurant deiner Wahl, ob es ein Mittags- oder Tagesmenü gibt. Unter der Woche werden diese fast überall angeboten. Zwei, drei Gänge gibt's dabei oft für wenige Euro.

BEST OF

MIT KINDERN

SPANNENDES FÜR GROSS & KLEIN

AUF TOUR MIT DEM BRINGÓMOBIL

Die lustigen offenen Gefährte sind auf der Margareteninsel zu mieten, wo sich ein ganzer Tag verbringen lässt. *Bringóhintós* (Foto) gibt es für Familien oder Kleinkinder, elektrisch, oder du trittst in die Pedale.

➤ S. 39

SPIELPLATZOASE

Mitten in der Pester Innenstadt kannst du dich hier auch mit Kind und Kegel erholen. Im kleinen Park *Károlyi kert* ist es grün und ruhig, Hunde sind nicht erlaubt, und der 2016 grunderneuerte Spielplatz ist für Kinder zwischen zwei und 12 Jahren geeignet. So haben alle was von der Verschnaufpause.

➤ S. 43

SCHMALSPURVERGNÜGEN

Alles einsteigen, bitte! Die *Kindereisenbahn* ist eine von Kindern (unter Aufsicht) betriebene Schmalspurbahn. Die waldreiche Strecke ist 11 km lang, die Haltestellen sind gute Startpunkte für Ausflüge in die Budaer Berge.

➤ S. 60

BADEN AUF DER INSEL

Von Wellenbad bis Kinderbecken: Das *Palatinus-Bad* auf der Margareteninsel bietet das ganze Jahr über jede Menge Wasserspaß für Kinder und Erwachsene. Im Hochsommer ist der Freibadbereich meist rappelvoll, im Winter dampfen die Außenbecken schön.

➤ S. 39

SPIELEND LERNEN

Das ist im *Csodák Palotája (Palast der Wunder)* auf der Buda-Seite möglich. An zahlreichen Stationen warten interaktive Wissenschaftsspiele – hier werden nicht nur Kinder zu neugierigen Forschern.

➤ S. 107

BEST OF

TYPISCH

DAS ERLEBST DU NUR HIER

BRÜCKEN-IKONE

Die *Freiheitsbrücke,* diese Tausende von Tonnen schwere Dame aus Eisen und Stein, ist unglaublich anziehend. Tagsüber huschen geschäftige Budapester und bummeln Touristen von einer auf die andere Seite, spätabends kann man der Stadt von hier aus beim Schlafengehen zusehen. Magisch!

➤ S. 57

UMWERFENDES AMBIENTE

Das *New York Kávéház* muss man einmal gesehen haben – es ist der atemberaubendste Vertreter der Budapester Kaffeehaustradition. Andere Cafés sind lauschiger, aber hier kannst du dich beim Kaffeetrinken sattsehen am überwältigenden Dekor.

➤ S. 68

MÄRCHENBURG IM STADTWÄLDCHEN

Einfach märchenhaft: Um 1900 im architektonischen Stilmix gebaut, ist die *Vajdahunyad-Burg* bis heute eine der spannendsten, weniger mainstreamigen Sehenswürdigkeiten der Stadt.

➤ S. 49

VERSTECKTE SZENEKNEIPEN

Die Hinterhöfe des alten jüdischen Viertels zwischen Rákóczi út und Király utca sind zur angesagten Nightlifelocation geworden. Überall, wo Gebäude vom Verfall bedroht waren, haben sich alternative „Ruinenkneipen" angesiedelt, so auch das *Szimpla Kert.*

➤ S. 96

ERLEBNIS UND ERINNERUNG

Die maurisch-byzantinischen Zwiebeltürme der *Synagoge in der Dohány utca* (Foto) sind das Wahrzeichen eines in Europa einzigartigen städtischen Kosmos: des heute wieder sehr lebendigen jüdischen Viertels. Die Synagoge ist eine Augenweide und erinnert zugleich an die Leiden und Opfer der Ghettozeit.

➤ S. 53

SO TICKT BUDAPEST

Poetisch flanieren: Am Donaukorso triffst du die bronzene „Königstochter“

LÁSZLÓ 1989

ENTDECKE BUDAPEST

Pracht bis aufs Dach: das Kunstgewerbemuseum mit seinen leuchtenden Majolikaziegeln

Es lässt sich drehen und wenden, wie man will, von oben, von unten oder vom Wasser der Donau aus betrachten – Budapest bleibt immer schön. Und das mit all seinen Macken: dem bröckelnden Putz hundertjähriger Gebäude, der umstrittenen Politik, die in seinem Parlament gemacht wird, den eigensinnigen Hauptstadtbewohnern mit ihrer tief verwurzelten Melancholie. Wer sich einmal nachts auf der Fischerbastei von den Lichtern der Stadt hat hypnotisieren lassen oder tags per Straßenbahn über die Freiheitsbrücke gerattert ist, der ist – zack! – schwer verliebt.

ALLSEITS KONTRASTE

Oft ist es gerade das Unperfekte, das die Stadt so liebenswert macht. Allen voran sind da Buda und Pest, die beiden durch die Donau getrennten Stadthälften. Sie

1001
Gründung des Königreichs Ungarn unter Stephan I.

1541
Das Stadtgebiet gerät in türkische Hand: Bau von Moscheen und Bädern in Buda

1867–1918
Österreichisch-Ungarischer Ausgleich, Doppelmonarchie

1873
Budapest entsteht durch die Vereinigung von Buda, Pest und Óbuda

1944
Deutsche Besetzung Ungarns. Ca. 50 000 Juden werden allein aus Budapest deportiert, ca. 70 000 in das Pester Ghetto verschleppt

sind wie vollkommene Gegensätze, die sich doch charmant anziehen. Entdecke selbst, wie unterschiedlich Stimmung, Architektur und Geschichte beider Seiten Budapests sind. Sicher ist aber auch: Die Höhen der grünen Budaer Berge und das Retro-Urbane der großbürgerlichen Pester Wohnhäuser gehören einfach zusammen.

DAUERBAUSTELLE BUDAPEST

Budapest ist auch gut 30 Jahre nach der Wende eine Stadt im Um- und Aufbruch. Die zentralen Plätze, darunter der Kossuth Lajos tér vor dem Parlament, wurden in den vergangenen Jahren neu gestaltet, historische Gebäude wie die Pester Redoute und die Liszt-Ferenc-Musikakademie erstrahlen in altem Glanz. Exemplarisch für ein großes, die Stadt bewegendes Bauprojekt ist „Liget Budapest": Das Stadtwäldchen *(Liget)* hinter dem Heldenplatz wurde und wird weiterhin umgestaltet, um eine Art Museumsquartier zu schaffen. Das Haus der Musik und das Ethnografische Museum eröffneten hier 2022. Die Neue Nationalgalerie befindet sich noch in Planung, der *Biodom,* eine Erweiterung des Zoos, noch im Bau. Sowohl die Fidesz-Regierung als auch die vormalige Stadtverwaltung sind bzw. waren Befürworter des Projekts. Doch viele Budapester sind skeptisch: Bauvorhaben ziehen in Ungarn oft auch Korruption an, während Krankenhäuser und Schulen verfallen. Der 2019 neu gewählte, linksliberal-grün eingestellte Oberbürgermeister Gergely Karácsony möchte die verbleibenden Liget-Baupläne jedenfalls stoppen, um die grüne Lunge Budapests zu erhalten – fraglich, ob ihm das angesichts der politischen Überlegenheit der Regierung gelingen wird.

1945 Schlacht um Budapest, sowjetische Truppen erobern die Stadt

23. Oktober 1956 Volksaufstand gegen die sozialistische Regierung der Volksrepublik

1989 Fall des Eisernen Vorhangs

2004 Ungarn wird EU-Mitglied

Oktober 2019 Der linksliberal-grüne Gergely Karácsony wird zum Oberbürgermeister gewählt

2022 Parlamentswahlen, der rechtskonservative Viktor Orbán wird wiedergewählt

GEHEN ODER BLEIBEN?

Etwa 1,7 Mio. Menschen leben in der Hauptstadt. Budapest wird auch der „Wasserkopf" Ungarns genannt, denn im Verhältnis zu den 9,8 Mio. Bewohnern Ungarns staut sich hier ein beachtlicher Teil der Bevölkerung. Zum Studium und auf der Suche nach Arbeit und besseren Lebensverhältnissen zieht es viele Ungarn von der Provinz ins stattliche Budapest – oder nach Deutschland oder Österreich, wo der Euro lockt. Die Trends der vergangenen Jahre zeigen, dass deutlich mehr Ungarn, vor allem unverheiratete unter 40 Jahren, ihre Heimat verlassen, um im Ausland zu arbeiten. Manche kommen aus Heimweh zurück, so wie Ági: Die 28-jährige Budapesterin arbeitet mittlerweile wie viele junge Ungarn in einem multinationalen Unternehmen, als Teamleiterin verdient sie mit 300 000 Forint netto überdurchschnittlich gut. Gerade hat sie sich mithilfe eines Bankkredits und Erspartem ihre erste Eigentumswohnung gekauft – und kann endlich auf die überteuerten Hauptstadtmieten pfeifen.

IMMER WAS LOS

Nirgendwo sonst im Land wird so gut verdient wie in Budapest. Vielen Arbeitnehmern eröffnet ihre Arbeit aber kaum Chancen auf Wohlstand – bei Lebenshaltungskosten, die weitgehend auf westeuropäischem Niveau liegen, ermöglichen die Löhne nur ein bescheidenes Dasein. Der Alltag ist für die meisten Budapester hart, und dennoch sind sie die größten Fans ihrer Stadt. Denn hier spielt die Musik: Die großen Bands treten nur in der Hauptstadt auf, nur hier finden die großen Sportereignisse und Festivals statt, und auch das Verreisen geht von Budapest aus am geschicktesten. Im Sommer ist Budapest ein einziges Open-Air-Eldorado. Donauufer, Stadtwäldchen und Parks: Budapester machen die Stadt in jeder freien Minute zu ihrem Tummelplatz. Sie gehen raus – und sie gehen aus. Das gilt auch für Familien: Die Ü30er Szilvi und Tomi wohnen mit ihren zwei Kindern in einem Plattenbauhochhaus auf der Budaer Seite. Das Budget ist knapp, aber am Freizeitvergnügen wird nicht gespart. Das eigene Auto – ein roter 2015er Suzuki Swift, eines der Lieblingsautos der Ungarn – ist Luxus- und Prestigeobjekt. Zoo, Kindereisenbahn, Ausflüge in die Budaer Berge, Skaten auf der Margareteninsel – die Familie hat sich in Budapest einen bunten Erlebnisraum abgesteckt. Mach doch mit, pack auch du deine Skates ein!

TYPISCH HAUPTSTADT

Eine Vertreterin der älteren Generation ist Márta: Sie wurde in Budapest geboren und ist der Stadt ihr Leben lang treu geblieben. Die Rentnerin trifft man meistens im Kaffeehaus. Dort tratscht sie bei einem Stück *Dobos-torta* mit ihren Freundinnen – und das, sagt Márta, muss sein, auch wenn die 80 000 Forint Rente das eigentlich nicht erlauben. Eine weitere Freude sind die Besuche in den Thermalbädern: Vor allem für ältere Menschen sind sie mehr als nur Heilbäder, sie sind Kontaktbörse und Unterhaltung. Beides solltest du nicht verpas-

sen: die Kaffeehäuser und die Thermalbäder, denn sie gehören einfach zu Budapest. Aus allem das Beste machen, darin sind alle Budapester geübt. Vor allem aber verbindet sie eines: Budapester sind – Budapester. Gesegnet mit dem unerschütterlichen Selbstbewusstsein, tempo- und tonangebend zu sein. Wochentags bevölkern sie ihren städtischen Kosmos, freitags beginnt im Sommer der Exodus. Bevorzugte Ausflugsziele sind der nahe gelegene Velence-See, der Balaton (Plattensee) und das Donauknie. Zu den Stadtflüchtern gehören Budapester, die sich in den sozialistischen Jahren ein Ferienhäuschen zulegen konnten oder die Freunde und Verwandte besuchen.

TAUSENDJÄHRIGE GESCHICHTE

Hunderttausende Budapester sind am wichtigsten Nationalfeiertag, dem Sankt-Stephans-Tag am 20. August, auf den Straßen, Plätzen und Brücken unterwegs. Geschichte ist in Budapest und in den Köpfen der Budapester allgegenwärtig. Die Geschichtsschreibung Ungarns beginnt 896 mit der „Landnahme" der sieben Magyarenstämme unter der Führung des Fürsten Árpád. Eine herausragende Stellung nimmt der erste ungarische König Stephan ein, der im Jahr 1000 gekrönt wurde. An ihn erinnert auch die Stephanskrone im Budapester Parlament. Nachdem die Mongolen 1241/42 das Land überrannt hatten, baute König Béla IV. auf dem Burgberg eine erste Burg. König Matthias (1458–90) ließ sie im Renaissancestil ausbauen. Dieser goldenen Ära folgte die knapp 145 Jahre anhaltende Besetzung durch die Türken (1541–1686). Als der Kampf gegen die Besatzer erfolgreich endete, waren Buda und Pest vollkommen zerstört.

EINSCHNEIDENDE HISTORISCHE KAPITEL

1941 trat Ungarn an der Seite Deutschlands in den Zweiten Weltkrieg gegen die Sowjetunion ein. Während der von den ungarischen Pfeilkreuzlern unterstützten Terrorherrschaft der Nazis wurde das Budapester jüdische Viertel zum Ghetto und für Tausende zum Grab. Am Ende des Kriegs lagen weite Teile der Stadt in Trümmern. 1947 kam die Kommunistische Partei an die Macht. Proteste von Budapester Studenten gaben 1956 den Anstoß zum Widerstand gegen das Regime; der Aufstand der „Konterrevolutionäre" wurde blutig niedergeschlagen. Jahrzehnte später, in der Nacht zum 11. September 1989, öffnete Ungarn seine Grenze und ermöglichte rund 100 000 DDR-Bürgern – darunter vielen, die in einem Budapester Lager untergebracht waren –, die Flucht. Am 23. Oktober, dem 33. Jahrestag des Aufstands von 1956, wurde von einem Fenster des Budapester Parlaments aus die Republik Ungarn ausgerufen. Damit war die sozialistische Volksrepublik Geschichte.

STADTENTWICKLUNG UM JEDEN PREIS

In den letzten Jahrzehnten waren die Scheinwerfer in Budapest vor allem auf die blühenden Stadtlandschaften gerichtet: auf die wunderbar restaurierten Glanzlichter des historischen Budapest, auf die gewaltigen internationalen Investitionen in Shoppingcenter und Luxusimmobilien, auf Großprojekte wie das Millenniumsviertel an der Rákóczi-Brücke. Ausgeblendet blieben die Schattenseiten des Fortschritts. Die letzte Finanz- und Wirtschaftskrise hat die Not der öffentlichen Haushalte und die sozialen Spannungen verschärft. So steckt auch hinter dem Wort „international" für viele Budapester eher ein notwendiges Übel. Einerseits sind internationale Konzerne in der ungarischen Hauptstadt wichtige Investoren und Arbeitgeber, andererseits stehen sie für die Banken, bei denen viele Wohnungseigentümer in der Kreide stehen – bedroht von der Gefahr, das Dach über dem Kopf zu verlieren. Als wirtschaftliches und politisches Zentrum des Landes ist Budapest eine Art Brennglas, das alle Probleme bündelt.

BLICK NACH VORN UND ZURÜCK

In der Hauptstadt wird Bilanz gezogen. Die wichtigste Frage lautet: Was haben die vergangenen 30 Jahre den Ungarn gebracht? Budapest besinnt sich mehr denn je auf die schwierigen Lebensbedingungen der meisten Menschen und auf die ureigene ungarische Identität der Stadt. Das Budapest von morgen soll ein anderes sein. Wie es aussehen soll? Die Antwort steht noch aus. Die Schönheit der Stadt ist von alledem unberührt. Sie bahnt sich weiterhin ihren Weg durch die Ritzen mitgenommener Häuserwände und die Wellen des sonnengeplagten Asphalts. Sie ist sichtbar in zauberhaften Pester Innenhöfen und runderneuerten Budaer Metrostationen und in den charmanten Gesten der humorvollen Ungarn. Na, hast du dich schon verliebt?

AUF EINEN BLICK

1.750.000
Einwohner

Buda: 505.000, Pest: 1.244.000
Berlin: rund 3,6 Mio.

81
Museen

Frankfurt am Main: rund 60

15,6km
misst die Üllői út, die längste Straße in Budapest. Längste Straße in Berlin: Adlergestell (13 km)

18 PROZENT
der Gesamtbevölkerung Ungarns leben in Budapest

HÖCHSTER PUNKT: JÁNOS-HEGY

527M
Der Sessellift ist in 15 Minuten oben

DIE ERSTE

U-BAHN
Kontinentaleuropas war die Metrolinie 1 (Földalatti) – sie ist noch heute in Betrieb

NIEDRIGSTER PUNKT:

96M
Die Donau bei mittlerem Wasserstand

KNEIPEN UND RESTAURANTS IN DER INNENSTADT

Im V. und VI. Bezirk gibt es so viele Lokale, dass alle ihre Bewohner auf einmal ausgehen und einen Sitzplatz finden könnten.

Ó UTCA
Kürzester Straßenname – die „Alte Straße" liegt im VI. Bezirk

SYNAGOGE IN DER DOHÁNY UTCA
Größte Synagoge Europas

TÜRBE DES GÜL BABA
NÖRDLICHSTE PILGERSTÄTTE IM ISLAM

BUDAPEST VERSTEHEN

BUDA ODER PEST?

Die Budapester sind stolze Menschen, und ihre Stadt ist wunderbar. Lokalpatriotismus ist in der ungarischen Hauptstadt jedoch nicht ausgeprägt. Ob einer nun gebürtiger Budapester ist oder – wie in vielen Fällen – vom Land kommt, kümmert die Einheimischen wenig. Viel mehr, findet man, sagt es über einen Budapest-Bewohner aus, auf welcher Seite der Donau er lebt. Denn obwohl Buda, Pest und Óbuda bereits 1873 offiziell vereinigt wurden, ist es auch heute noch eine Glaubensfrage, ob man sich für Buda oder Pest entscheidet.

So hübsch und grün Buda z. B. mit seinem Gellértberg und der Burg auch ist, Pester halten seine Bewohner für versnobt, alt und langweilig – so lautet zumindest das Klischee. Dagegen ist Pest mit seinem Partyviertel und der Innenstadt für viele Budaer laut, grau und schmutzig, auf diese Flussseite kommen sie nur zum Arbeiten und Ausgehen. Eines ist sicher: Dieses ungleiche Paar kann nur als Ganzes geliebt werden. Am besten also, du spazierst an einem sonnigen Tag über die Margaretenbrücke, genießt die Aussicht auf die glitzernde Donau und beide Stadtseiten und hörst dabei Róbert Rátonyis Liebeslied „Budapest, Budapest, te csodás!" (Budapest, du Wunderbare). Da ist Versöhnung garantiert!

ERFINDERISCHES VÖLKCHEN

Was haben der Kugelschreiber, der Zauberwürfel *(Rubik-kocka)* und Vitamin C gemeinsam? Sie alle wurden von Ungarn erfunden bzw. entdeckt. Jawohl, und auf diese Errungenschaften sind die Magyaren bis heute mächtig stolz. Gern wird vor Ungarnbesuchern geprahlt, welch weltbewegende Erfindungen dieses kleine Land hervorgebracht hat. Heutzutage sind es junge, ungarische Start-up-Unternehmen, die auch außerhalb der Landesgrenzen Aufsehen erregen. So z. B. das digitale Präsentationstool Prezi, das 2007 von dem Künstler Ádám Somlai-Fischer und dem Informatiker Péter Halácsy entwickelt wurde. Bereits zwei Jahre nach Gründung schaffte es Prezi ins US-amerikanische Silicon Valley – heute wird es überall auf der Welt genutzt.

HINTERHOFSCHÄTZE

So schön die Fassaden auch sind: Manchmal kommt es auf die inneren Werte an. Budapest ist nämlich voller Hinterhöfe und „Ruinenkneipen", die zu entdecken sich lohnt. Oft sind es die Innenhöfe ehemals großbürgerlicher Pester Mehrfamilienhäuser oder leer stehende, vorher industriell genutzte Gebäude, die von einfallsreichen Gastronomen zu Restaurants, Kneipen, Clubs oder Hotels umfunktioniert wurden. Der Innenhof des 1877 erbauten Almássy-Palasts (Almássy-palota) *(Ötpacsirta utca 2)* mit seinem hübschen Bodenmosaik und den grün bewachsenen Fassaden ist beispielsweise eine richtige Stadtoase. Mit dem *Építész-pince (epiteszpince.hu)* gibt es hier zu-

Hat von Budapest aus die Welt erobert: der Zauberwürfel

gleich ein empfehlenswertes Restaurant. Und solltest du die Konditorei Auguszt (s. S. 66) besuchen, spick unbedingt in den Innenhof, wo sich Künstler und Designer mit Dutzenden Showrooms angesiedelt haben *(palomabudapest.hu)*.

INSIDER-TIPP
Im Verborgenen essen und shoppen

UNTERGRUNDWELTEN

Kannst du dir einen Raum vorstellen, in den 350 Doppeldeckerbusse reinpassen? So einen gibt's in Budapest – doch gemeint ist kein Flugzeughangar, sondern ein riesiger, unter Wasser stehender Hohlraum. Denn auf Budaer Seite befindet sich ein unfassbar großes Höhlensystem, ausgewaschen durch das Thermalwasser, das auch die vielen Bäder Budapests speist. Tatsächlich verfügt Budapest über die größte Sammlung von Thermalhöhlen weltweit. Wer einen Höhlentauchschein besitzt, kann z. B. in der János-Molnár-Höhle mit ihrer angenehmen Wassertemperatur von 21–27 Grad an Tauchführungen teilnehmen. Doch nicht in allen Höhlen der Stadt muss man sich nass machen: In der Pálvölgyi- und der Szemlőhegyi-Höhle im II. Bezirk bestaunst du Tropfstein- und Mineralienformationen im Trockenen. Und im Felsenkrankenhaus im Burgviertel bzw. in der Felsenkirche an der Seite des Gellértbergs fühlen sich garantiert auch Platzangstgeplagte wohl.

DIE POESIE DER KAFFEEHÄUSER

Zigarettenrauch, lautstarke Diskussionen und das Rascheln beim Umblättern der Zeitungsseiten: Die Budapester Kaffeehäuser waren Ende des 19. und Anfang des 20. Jhs. intellektuelle Hotspots für Schriftsteller, Journalisten und Künstler. Das legendäre,

Süße Köstlichkeiten im Kaffeehaus Gerbeaud

1894 eröffnete New York gab den armen Schluckern unter ihnen sogar kostenlos Papier und Tinte und hatte eine vergünstigte „Schreiberplatte" im Angebot. Heute ist nicht mehr viel von der authentischen Atmosphäre von damals übrig – aber das wird wettgemacht durch das wunderschöne Interieur, erstklassigen Service und fabelhafte Süßspeisen, wie z. B. die *Dobos-torta*.

FLUSSBEGEGNUNGEN

Nah und fern zugleich ist man der Donau in Budapest. Sie verbindet zwar Buda und Pest – Mensch und Wasser werden dagegen fast überall mit steinernen Hindernissen voneinander getrennt. Wer dem Fluss näherkommen will, unternimmt am besten eine Radtour oder HÉV-Fahrt zum Római-part (Römerufer) im Norden Budas und lässt z. B. in der Open-Air-Kneipe *Fellini* die Füße ins Wasser baumeln. Beim jährlichen Drachenbootfestival im Mai an der Halbinsel Kopaszi gát kann man zusehen, wie sich andere auf dem Wasser machen. Und am 20. August, dem Sankt-Stephans-Nationalfeiertag, ist die Donau der heimliche Star, wenn sich am Abend das bombastische Feuerwerk in ihr spiegelt.

FLINKE ZUNGEN

Die Ungarn sind nicht auf den Kopf gefallen, sondern – wie Katzen – auf die Füße (genauer gesagt: Sohlen). So jedenfalls übersetzt sich „schlagfertig" in die ungarische Sprache: *talpraesett*. Irgendwie haben die Magyaren einfach immer eine Antwort parat, einen Scherz und eine Meinung zu allem, ob sie nun etwas davon verstehen oder nicht. Ein cleveres, positives Beispiel für ungarische Schlagfertigkeit ist die patente und politisch engagierte Journalistin Olga Kálmán. Als sie von einem Politiker vor der Aufzeichnung ihrer Polit-Talkshow ein Parfüm geschenkt bekommt, sagt sie nur: Also, eine Gießkanne für den Garten wäre mir lieber gewesen.

UNTER ORBÁNS FUCHTEL

Rechtsextremismus, Diktatur, Europafeindlichkeit: Das Ungarn unter Viktor Orbán hat harte Attribute in der internationalen Presse verpasst bekommen. Erst 2019 hat die NGO Freedom House, die mit einem Index den Grad an Demokratie und Freiheit in Ländern weltweit misst, den Status des Landes von „frei" zu „teilweise frei" herabgestuft – das erste Mal nach der Wende 1990. Und das, obwohl viele Ungarn gar nicht mal so unzufrieden mit der heimischen Politik zu sein scheinen. So bevorzugen 36 Prozent aller 18- bis 25-Jährigen Orbáns Fidesz-Partei, wie eine Umfrage von 2018 zeigt. Die christlich-rechtsnationale Partei wurde im selben Jahr sogar mit einer erneuten Zweidrittelmehrheit mit Orbán als Premier wiedergewählt.

Dennoch gibt es auch viele Einheimische, die genug haben von „Orbánistan", das ihnen seit 2010 unter anderem etliche absurde Gesetzesänderungen, Korruptionsskandale und keine wirkliche Verbesserung des Lebensstandards einbrachte. So wächst die Armut seit Jahren, die soziale Schere öffnet sich immer weiter. Die Abwanderung ins (zumeist deutschsprachige) Ausland ist für den ungarischen Arbeitsmarkt sehr problematisch. Doch Parteipropaganda und schwindende Medienfreiheit trüben das Bild – selbst Statistiken werden teils gefälscht. Viele Ungarn schlagen deshalb einen sarkastischen Ton an, wenn sie über die heimische Politik sprechen, Politikverdrossenheit wird vermehrt zum Problem.

Grund zu etwas Optimismus geben die Arbeit von NGOs und Aktivisten sowie das stärkere Engagement von Gewerkschaften. Im Herbst 2019 ging

KLISCHEE KISTE

BESESSEN VON PAPRIKA

Paprikapulver über, pardon, auf alles!? Budapest-Besucher berichten von Hauptstadtbewohnern, die das blutrote Gewürz im Restaurant aus ihrer Hosentasche geholt haben sollen, und Ungarn im Ausland hätten immer welches im Reisegepäck dabei, so süchtig seien sie danach. Ob das stimmt? Eins ist sicher: Die Ungarn lieben ihr *pirospaprika* heiß und innig. Berühmt ist das Paprikapulver aus den südungarischen Städten Kalocsa und Szeged, das es auch im Budapester Supermarkt zu kaufen gibt – scharf, *(csípős)*, süß *(édes)* oder geräuchert *(füstölt)*.

GEORDNETES CHAOS

Budapest unterscheidet sich in vielerlei Hinsicht nicht von anderen europäischen Städten. Es ist modern, mit vielen weltoffenen Einwohnern. Man recycelt seit Jahren vorbildlich, Kartenzahlung funktioniert in fast allen Geschäften und im Taxi sowieso. Und dann ist da eine andere Seite: das Chaos. Herrlich, wenn es um Flexibilität geht, das Ein-Auge-Zudrücken. Anstrengend, wenn Regeln und Zuständigkeiten sinnvoll wären, z.B. bei Behördengängen, die im Rest Ungarns deutlich unkomplizierter sind. Tipp: Lass die Dinge einfach auf dich zukommen und genieß die Abenteuerreise zwischen Ordnung und Chaos.

außerdem ein Wind der Veränderung durchs Land, als bei den Kommunalwahlen mehrere Bürgermeisterinnen und Bürgermeister der Fidesz-Partei abgewählt und durch oppositionelle Politikerinnen und Politiker ersetzt wurden. In der Hauptstadt konnte sich der linksliberal-grüne Gergely Karácsony behaupten, der sich für ein freieres, faireres und lebenswerteres Budapest einsetzen möchte.

ART NOUVEAU À LA BUDAPEST

Der 1870 beginnende Industrieboom machte sich auch in Budapests Architektur bemerkbar und führte mitunter zu einer ungarischen Interpretation des Jugendstils, der seine Glanzzeit um die Wende zum 20. Jh. erlebte. Der ungarische Jugendstil steht für ornamentale, doch kitschfreie Dekadenz mit einer ganz eigenen, durch internationale Stilrichtungen beeinflussten Architektursprache. Nicht umsonst nennt man den wegbereitenden Architekten Ödön Lechner (1845–1914) in einem Atemzug mit dem berühmten Katalanen Antoni Gaudí.

Am besten aber, du betreibst selbst eine kleine Werkschau: In der Peripherie des Stadtwäldchens sind einige Jugendstil-Meisterwerke zu sehen, z. B. die Villa Egger (Egger-villa) *(Városligeti fasor 24)*. Ein Geheimtipp ist das großflächige Gebäude des Instituts für Geografie und Geophysik (Magyar Földtani és Geofizikai Intézet) *(Stefánia út 14)*, ein Werk von Herrn Lechner höchstpersönlich. Toll: das Dach voller himmelblauer Keramikziegel aus dem Hause Zsolnay. Auf einer Dachspitze schultern vier Gestalten einen riesigen Globus. Und sowohl innen als auch außen bringen

Schwimmen wie ein König: das schlossähnliche Széchenyi-Thermalbad

einen die folkloristischen Dekoelemente zum Staunen. Kann jemand verstehen, dass Kaiser Franz Joseph I. bei einem Budapest-Besuch unzufrieden mit dem Exterieur war? So ein Banause!

DAS STIGMA DER ROMA

Ein Wandervolk mit bunten Kopftüchern, Goldschmuck und Fiedel unterm Arm? Obwohl die vornehmlich aus dem Karpatenbecken stammenden Roma schon seit Jahrhunderten sesshaft sind und um keinen Deut weniger ungarisch als ihre Mitmenschen, sind sie nach wie vor Außenseiter. Es ist nicht unwahrscheinlich, dass du Ungarn begegnest, die dir vorurteilsbehaftete „Wahrheiten" über die *cigányok* (Zigeuner) erzählen und dich zum Beispiel vor von Roma bewohnten Vierteln warnen. Dabei machen die ca. 600 000–800 000 Roma einen bedeutenden Teil der ungarischen Bevölkerung aus. Musik ist für viele der Ausweg aus Armut und Diskriminierung – auch weil musizierende Roma traditionell in Ungarn sehr geschätzt werden. Der Jazzgitarrist Ferenc Snétberger gründete deshalb ein Zentrum für Musiktalente *(snetbergercenter.org)*, das auch regelmäßig Konzerte mit den jungen Roma organisiert. Zusätzlich kurbeln die Kulturzentren *Auróra* und *Gólya* im VIII. Bezirk aktiv den Dialog zwischen Mehrheit und Minderheit an.

SPRACHLICHE SONDERLINGE

Megszentségteleníthetetlenségeskedéseitekért – nein, das ist kein Vertipper auf der Tastatur, sondern das berühmteste Beispiel für ein langes, zusammengesetztes Wort im Ungarischen. Es bedeutet ungefähr: „für die Unmöglichkeit eurer Unheiligsprechung". Ganze 44 Buchstaben zählt es, genutzt wird es zwar nie, ein guter Beweis für die Komplexität der ungarischen Sprache ist es trotzdem. Anders als viele vermuten, gehört Ungarisch nicht zur slawischen, sondern zur finnougrischen Sprachfamilie. Doch auch Deutsch hat durch die Habsburgermonarchie seine Spuren hinterlassen, „echt" und „stimmt" kann man auch im Ungarischen sagen. Und was bedeutet wohl *eszcájg* (sprich: Esszeig)? Na, Besteck natürlich!

WARMWASSER-WELLNESS

Wer will, findet sicherlich etwas an Budapests reichhaltiger Thermalbäderlandschaft zu beanstanden: Das richtig alte, osmanische Király-Bad ist etwas muffig und schmucklos, das Schwefelwasserbecken im Rudas-Bad stinkt nach faulem Ei. Doch genauso leicht ist es, Spaß im heilsamen Wasser zu haben. Besonders toll ist es in der kalten Jahreszeit im Széchenyi-Bad: Durch den Temperaturunterschied sind die warmen Außenbecken des Thermalbads dann nämlich in einen dichten Dampfnebel gehüllt. Ein verzauberndes Schauspiel! Oder wenn man einfach mal stillschweigend beobachtet, wie die properen alten Damen und Herren mit Badekappe im Schwimmbecken des Gellért-Bads ihre Bahnen ziehen.

INSIDER-TIPP
Planschbecken trifft Nebelmaschine

SIGHT SEEING

„Ich komme aus San Francisco, der schönsten Stadt der Welt, aber Budapest liegt nur knapp dahinter" – so fiel Tom Hanks' Urteil aus, als er vor einigen Jahren zum Filmdreh in die ungarische Hauptstadt kam.

Aber ganz ehrlich, der Hollywoodschauspieler ist im Unrecht: Budapest ist schöner. Blöd ist nur … diese Qual der Wahl! Was soll man sich zuerst gönnen? Ein bisschen Mittelalter auf dem Budaer Burgberg? Sakrale Neorenaissance mit der Sankt-Stephans-Basilika in Pest? Moderne Architektur in einem gläsernen Wal, dem *Bálna?*

Ein Trio zum Träumen: Donau, Kettenbrücke und Parlament

Oder doch lieber erst mal einen riesigen, fettigen *lángos* mit saurer Sahne und Käse? Keine Angst, es wird Zeit genug für alles sein, auch wenn du Budapest nur fürs verlängerte Wochenende besuchst. Denn die Stadt lässt sich großartig zu Fuß erkunden. Du solltest dabei nicht vergessen, immer wieder auch nach oben zu schauen. Denn die Fassaden, so verwittert und bröckelig sie ab und an auch sein mögen, sind oft eine Augenweide: hier interessante Jugendstil-ornamente oder witzige, pathetische Statuen, dort ein kitschiges Retro-Ladenschild oder eine vom Balkon spähende Katze.

DIE STADTVIERTEL IM ÜBERBLICK

MARCO POLO HIGHLIGHTS

★ **GELLÉRT-BAD**
Entspannen im vermutlich schönsten Thermalbad Ungarns ➤ S. 31

★ **BURGPALAST**
Die gewaltige Anlage erhebt sich über Stadt und Fluss ➤ S. 34

★ **UNGARISCHE NATIONALGALERIE**
Überblick über die Kunst Ungarns ➤ S. 34

★ **FISCHERBASTEI**
Von hier aus hast du den schönsten Blick auf die Stadt ➤ S. 36

★ **MARGARETENINSEL**
Die „grüne Lunge" von Budapest ➤ S. 37

★ **PARLAMENT**
Das imposante Wahrzeichen der Stadt liegt am Donauufer ➤ S. 39

★ **SANKT-STEPHANS-BASILIKA**
Die gewaltige Kuppel des Gotteshauses ragt fast 100 m hoch in den Himmel ➤ S. 41

★ **ANDRÁSSY ÚT**
Budapests Prachtstraße führt zum Heldenplatz ➤ S. 44

★ **HELDENPLATZ**
Crashkurs in ungarischer Geschichte auf dem größten Platz Budapests ➤ S. 46

★ **SYNAGOGE IN DER DOHÁNY UTCA**
Großartiger Bau und größte Synagoge in Europa ➤ S. 53

I. & XI. BEZIRK

Der I. Bezirk (Budavár/Budaer Burg) und der XI. Bezirk (Újbuda/Neu-Buda) liegen am westlichen Donauufer, und sie umfassen auch teils die dahinter liegende Hügellandschaft der Budaer Berge – ein beliebtes Wohn-, Ausflugs- und Erholungsgebiet der Budapester.

Mach dich darauf gefasst, dass du hier die meisten Fotos schießen wirst: Die donaunahen Sehenswürdigkeiten, allen voran das Burgviertel, lieben nicht nur Besucher der Stadt, sondern auch die Einheimischen.

In den Gassen des Burgviertels leben 2500 der ca. 25 000 Einwohner des I. Bezirks. Das Burgberg-Ensemble ist ein faszinierender Mix aus barockem Städtchen, mittelalterlicher Stadt und repräsentativer Architektur des 19. Jhs. Spannend ist auch die Burgberg-Unterwelt: Im Gestein ziehen sich Tunnelsysteme über viele Kilometer hin.

Der südliche Nachbar des Burgviertels ist der Gellértberg im XI. Bezirk (145 000 Ew.) mit der Zitadelle und der weithin sichtbaren Freiheitsstatue. Wie die symbolträchtigen Denkmäler und die dekorative Architektur des Hotels Gellért – einst das begehrteste Grandhotel der Stadt – zeigen, gehört der nahe der Innenstadt gelegene Teil des XI. Bezirks zu den noblen Bereichen der Stadt. Davon zeugen auch die vielen, oft hundertjährigen Villen am Gellértberg, der zu den teuersten Wohngebieten Budapests zählt.

Budapest ist gleichzeitig charmant, ungezähmt und rau. In einem Moment schwelgst du vielleicht noch, ein zuckriges Stück *Dobos-torta* im Kaffeehaus schlemmend, in der Vergangenheit – um im nächsten knallhart mit der Gegenwart konfrontiert zu werden, wie den vielen obdachlosen Stadtbewohnern. Nach einem abscheulichen Gesetz der Fidesz-Regierung dürfte es diese eigentlich gar nicht mehr geben, denn das Leben auf der Straße wurde damit de facto verboten. Zum Glück lässt die Budapester Polizei obdachlose Menschen mittlerweile meist in Ruhe. Du würdest gern helfen? Super! Viele Damen und Herren verkaufen die Obdachlosenzeitung mit der Aufschrift „FN" (*Fedél nélkül*, „Ohne Deckel"). Du bestimmst, wie viel du geben willst, empfohlen sind mindestens 300 Forint – die Obdachlosen behalten ihre Einnahmen gänzlich.

WOHIN ZUERST?

Vörösmarty tér *(📖 d9)*: Der Platz in Pest ist ein idealer Startpunkt, um in die Stadt hineinzuschnuppern. Das elegante weiße Gebäude an der Stirnseite beherbergt das legendäre Café Gerbeaud. Ein Highlight nördlich des Platzes ist die Sankt-Stephans-Basilika, südlich erstreckt sich die Einkaufsmeile Váci utca. Vom nahe gelegenen Donaukorso aus reicht der Blick über den Fluss vom Gellértberg über den Burgberg bis zur Kettenbrücke – eine Augenweide. Zum Vörösmarty tér fährt die U-Bahn 1 *(Földalatti)*.

1 GELLÉRT-BAD (GELLÉRT FÜRDŐ) ★

Ein Bad wie aus einem Wes-Anderson-Film! Die Jugendstildekoration beeindruckt schon im Eingangsbereich, drinnen gibt's weitere wunderschöne Mosaike – außerdem alteingesessene Ungarn und (vor allem) staunende Touristen. Das Wellenbecken im Außenbereich (Mai–Okt.) des über 100 Jahre alten Thermalbads galt seinerzeit als Sensation in der ganzen Region. *Tgl. 9–19 Uhr | Eintritt Mo–Fr 7100 Ft., Sa/So 7600 Ft. | Onlinetickets (um Schlangestehen zu vermeiden): jegyek.gellertfurdo.hu | Kelenhegyi út 4 | gellertbath.hu | U-Bahn 4 Szent Gellért tér | Straßenbahn 19, 41, 47, 48, 49, 56 | XI. Bezirk | d11*

2 GELLÉRT-FELSENKIRCHE (GELLÉRT-HEGYI SZIKLATEMPLOM)

Ein muggeliger Rückzugsort – nicht nur für Gläubige – ist die kleine, wunderschön im Gellértfelsen gelegene Kirche. Auf dem Vorplatz steht eine liebliche Statue von König Stephan, der ein kleines Kirchenmodell in den Händen hält. Von hier bietet sich ein schöner Blick auf Freiheitsbrücke und Donau. Drinnen findet sich bei konstanten 21 Grad eine Oase der Ruhe. Das war nicht immer so: Die Felsenkirche und das dazugehörende Paulinerkloster nebenan wurden während des Sozialismus dichtgemacht, die Mönche am Ostermontag 1951 von der ungarischen Staatspolizei verschleppt. Heute leben hier noch drei Mönche, die auch die Gottesdienste abhalten. Sie bitten um Teilnahme an den oder stilles Verhalten während der Messen (8.30, 17 und 20, So auch 11 Uhr). *Mo–Sa 9.30-19.30 Uhr | Eintritt 750 Ft. | Szent Gellért rakpart | Aufgang beim Gellért-Bad | U-Bahn 4 Szent Gellért tér | Straßenbahn 19, 41, 47, 48, 49, 56 | XI. Bezirk | 20 Min. | d11*

Die Freiheitsstatue auf dem Gellértberg ist weithin sichtbar

3 FREIHEITSSTATUE (SZABADSÁG-SZOBOR)

Auch wenn mancher Budapester Zsigmond Strobls 14 m hohe Freiheitsstatue als „Flaschenöffner" verspottet – die Frauengestalt, die ein Palmblatt in die Höhe hält, ist etwas Besonderes. Das liegt zum einen an den Legenden, die sich um sie ranken – beispielsweise dass Miklós Horthy, Reichsverweser von 1920 bis 1944, sie ursprünglich einen Propeller tragen lassen wollte, im Gedenken an seinen Sohn, der im Krieg bei einem Flugzeugunglück gestorben war.

Zum anderen ist die Aussicht zu Füßen der 1947 aufgestellten Bronzestatue auf Budapest, Donau und Brücken einfach grandios. Komm am besten abends, wenn die meisten Touristen von jungen Budapestern abgelöst werden, die sich hier treffen. *Citadella sétány | Bus 27 Búsuló Juhász (Citadella) oder kurzer, steiler Spaziergang vom Szent Gellért tér | XI. Bezirk | c11*

INSIDER-TIPP
Vom Touri- zum Jugendtreff

4 RUDAS-BAD (RUDAS FÜRDŐ)

Im Rudas am Fuß des Gellértbergs trifft Alt auf Neu: Die Thermalquellen an dieser Stelle wurden bereits 1292 erwähnt, doch es ist der architektonische Einfluss der Türken aus dem 16. Jh., der beispielsweise am Kuppelbau immer noch sichtbar ist.

Das Bad wurde umfassend restauriert und modernisiert und erhielt vor ein paar Jahren noch einen Wellness- und Saunabereich. Highlight ist jedoch das kleine Panoramabecken auf dem Dach, von dem aus man einen tollen Blick auf die Donau auf der einen und den Gellértberg auf der anderen Seite hat. Eine super Aussicht bietet auch das angeschlossene Restaurant *Rudas Bistro,* wo du dich nach dem Baden zum Beispiel mit einer Gulaschsuppe oder einem Mohnstrudel verwöhnen kannst. Oder du tauschst die nächtliche Party gleich gegen Relaxen im Wasser: Am Wochenende ist das möglich! *Tgl.*

INSIDER-TIPP
Erst baden, dann naschen

Thermalwasser in seiner schönsten Form: orientalisches Flair im Rudas-Bad

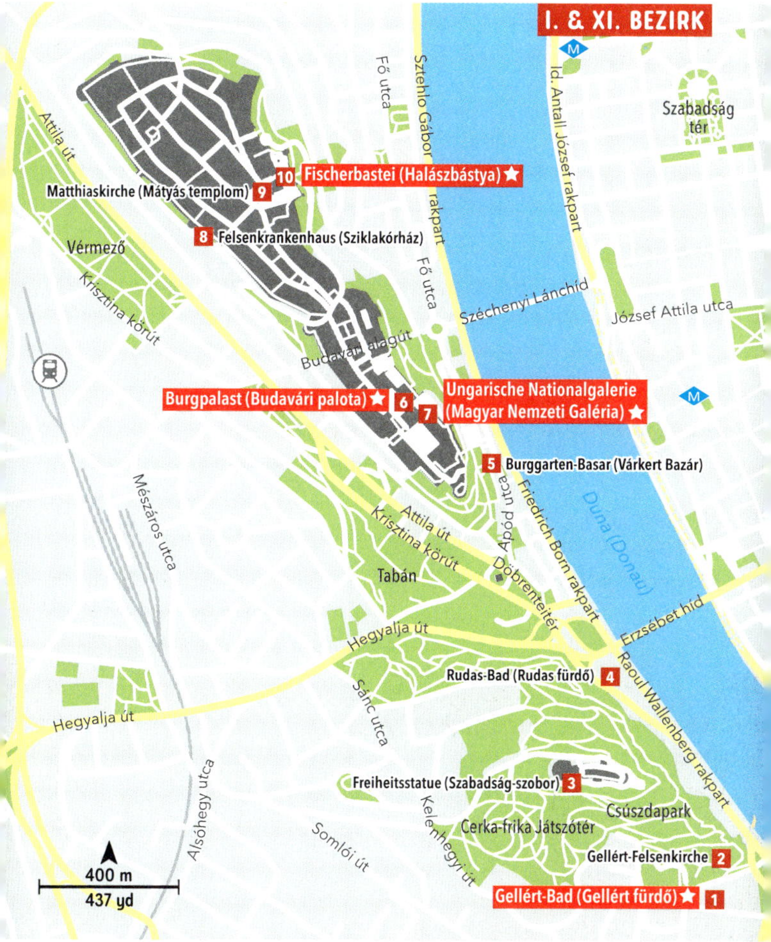

6–20 Uhr | im Dampfbad Di Frauentag, Mo, Mi–Fr bis 10.45 Uhr Männertage | Nachtschwimmen (ohne Sauna) Fr, Sa 22–3 Uhr (alle Geschlechter) | Eintritt Mo–Fr ab 6500 Ft., Sa/So ab 8500 Ft., Nachtschwimmen 8600 Ft. | Döbrentei tér 9 | de.rudasfurdo.hu | Straßenbahn 19, 41, 56 Rudas Gyógyfürdő | Bus 7 | I. Bezirk | ⊞ c11

5 BURGGARTEN-BASAR (VÁRKERT BAZÁR)

Statt nur hastig die Budapester Rennstrecke abzuklappern, wäre dir auch mal nach ausgedehntem Herumlungern? Dann ab in den Burggarten-Basar am Donauufer unterhalb der Burg. Wenn du dir jetzt einen Basar wie den in Istanbul vorstellst, liegst du – zumindest rückblickend – gar nicht so falsch. Denn nachdem die Anlage 1883 fertiggestellt worden war, wurde hier kräftig gschäftelt und Handel getrieben, und auch Künstler hatten ihre Ateliers in dem Gebäudekomplex mit Gartenanlage. Miklós Ybl, einer der talentiertesten ungarischen Architekten, entwarf den Basar, der 2011–14 komplett rekonstruiert wurde. Der Garten- und somit Open-Air-Bereich ist von 6 bis 24 Uhr geöffnet und hat besonders abends, stimmungsvoll beleuchtet, viel Charme; es gibt aber auch Ausstellungen und Konzerte. Von hier aus kannst du auch die Burg erklimmen (oder dich per Lift hochbeamen lassen). *Tgl. | Ybl Miklós tér 2–6 | varkertbazar.hu | Straßenbahn 19, 41 Várkert Bazár | Bus 16, 105 Clark Ádám tér | I. Bezirk | 30 Min. | c10*

INSIDER-TIPP
Basar als Durchgangszimmer

6 BURGPALAST (BUDAVÁRI PALOTA) ★

Hier oben gibt es jede Menge zu entdecken! Allem voran einen spektakulären Ausblick auf Budapest mit seiner sich durch die Stadt schlängelnden Donau und den Brücken, die beide Seiten zusammenhalten. Außerdem geschichtsträchtige (und einfach unheimlich dekorative) Statuen, und … was alles noch mal? Nun, der Burgpalast ist das größte Gebäude Ungarns – da kann man leicht den Überblick verlieren, und das tun selbst alteingesessene Budapester. Aber keine Bange: Das gesamte Burgviertel ist nur etwa 1,5 km lang – lass dich einfach treiben. Der Burg- oder Königspalast, dieser monumentale Wächter über die Stadt, wurde zwischen dem 13. und 20. Jh. dreimal völlig zerstört und im Stil der jeweiligen Epoche neu errichtet – erst mit gotischen Elementen, dann mit solchen aus Renaissance und Barock. Ein spannender Mix!
Heute beherbergt die Burg die Nationalgalerie, das *Historische Museum (Di–So 10–18 Uhr | Eintritt 2400 Ft.)* und die Széchenyi-Nationalbibliothek. Übrigens: Halt Ausschau nach dem monströsen Vogel, dem Turul. Das Fabelwesen hat sich vor dem Burgpalast am Rand des Szent György tér an einem Schwert festgekrallt – ein Symbol für die Landnahme der Ungarn. Zu viel los? Ein Geheimtipp zum Verschnaufen ist die nur wenige Meter entfernte Aussichtsterrasse über dem Tunnel, der unter dem Burgberg durchführt. Hier kann man es sich in Ruhe auf einer Bank gemütlich machen und dem Trubel auf Clark Ádám tér und Kettenbrücke zusehen. *Burgpalastgelände: Tgl. | Eintritt frei | Szent György tér | Bus 16, 16A, 116 Dísz tér | Bus 105 Clark Ádám tér, von dort Standseilbahn | I. Bezirk | 30 Min. (ohne Museen) | b–c 9–10*

INSIDER-TIPP
Ruhepol mit Aussicht

7 UNGARISCHE NATIONALGALERIE (MAGYAR NEMZETI GALÉRIA) ★

Sei vorgewarnt: In der Nationalgalerie kann man locker mehrere Stunden verbringen. Untergebracht ist hier eine riesige Sammlung ungarischer bildender Kunst und internationaler Kunst ab 1800. Solltest du nicht so viel

Promenade mit Aussicht: Gönn dir einen Spaziergang vor dem Burgpalast

Zeit (oder Stehvermögen) mitbringen, dann lass dir die Abteilung mit Werken von Mihály Munkácsy (1844–1900) ans Herz legen. Die Ungarn sind stolz auf den Maler des Realismus, der es schaffte, sich auch international einen Namen zu machen. Zu den ständigen Ausstellungen gehören außerdem u.a. gotische Holzfiguren und Tafelbilder und spätgotische Flügelaltäre (bei Weitem spannender, als es klingt). Wenn du schon mal da bist, solltest du auch einen Abstecher in den Museumsshop wagen, wo es z.B. ein tolles Malbuch über die Nationalgalerie und ihre Kunstschätze gibt: „A colourful journey in the Hungarian National Gallery" von Viola Varga und Anita Nemes. Oder nimm als Souvenir *POPpins* mit nach Hause: witzige Anstecker von Designerin Ramóna Udvardi. *Di–So 10–18 Uhr | Eintritt 3400 Ft. | Mit dem Ticket lässt sich auch die Kuppel im 3. Stock von Flügel C besichtigen (tolle Aussicht!); bei gutem Wetter kann man sogar auf die Terrasse der Kuppel hinaustreten | Szent György tér 2 | Burgpalast Flügel A, B, C und D | en.mng.hu | Standseilbahn | Bus 16, 16A, 116 Dísz tér | I. Bezirk | 3 Std. | b9*

8 FELSENKRANKENHAUS (SZIKLAKÓRHÁZ)

Hier kann man gleich zwei Fliegen mit einer Klappe schlagen und sowohl Einblicke in die Budapester Höhlenwelt als auch in die ungarische Geschichte erhalten. Du erlebst, was lange unter dem Codenamen *LOSK 0101/1* ein Staatsgeheimnis war: ein Militärkrankenhaus mit Operationssaal und den Atombunker der Regierung. Die Höhlen wurden im Zweiten Weltkrieg von den Nazis und während des Ungarnaufstands von 1956 genutzt. Vom Felsenkrankenhaus – und speziell der Möglichkeit, die Luftschutzsirene zu betätigen – war übrigens auch Robert de Niro bei einem Budapest-Besuch begeistert. *Tgl. 10–19 Uhr | Besuch nur mit Führung möglich (stündlich) | Eintritt 5000 Ft. | Lovas út 4c | sziklakorhaz.eu/en | Bus 16, 16A, 116 Dísz tér, 105 Clark Ádám tér | I. Bezirk | 1 Std. | b9*

9 MATTHIASKIRCHE (MÁTYÁS TEMPLOM)

„Wie im Märchen", wirst du beim Anblick der Matthiaskirche denken. Schon der Platz davor – der Szentháromság tér (Dreifaltigkeitsplatz) – ist so zauberhaft, dass die Gefahr einer Fotoüberdosis besteht. Und dann erst dieses neugotische Schmuckstück von einer Kirche! Benannt ist sie nach König Matthias, der in Ungarn noch heute den Beinamen „der Gerechte" trägt. Während der Türkenbesetzung musste die Kirche als Moschee herhalten, doch 1867 ging es wieder royal zu: Hier fand die Krönung des österreichischen Kaiserpaars Franz Joseph I. und Elisabeth (Sisi) zum ungarischen Königspaar statt. Der Eintrittspreis ist saftig, lohnt jedoch, denn das Innere der 700-jährigen Kirche ist genauso phantastisch wie das Äußere. Auch der fast 80 m hohe Glockenturm lässt sich besichtigen, und die Aussicht von hier oben ist ziemlich spektakulär. Freitags um 12 Uhr singt meist ein Kinderchor Kirchenlieder (z. B. von Franz Schubert, aber auch von ungarischen Komponisten). *Mo–Fr 9–17, Sa 9–12, So 13–17 Uhr | Eintritt für Touristen 2000 Ft., Glockenturm 2200 Ft. extra | Szentháromság tér | matyas-templom.hu | Bus 16, 16A, 116 Dísz tér | I. Bezirk | 30 Min. | b8*

10 FISCHERBASTEI (HALÁSZBÁSTYA) ★

Hier oben könnte man – vom Budapest-Panorama hypnotisiert – Stunden verbringen, so grandios sind der Ausblick auf die Stadt und die neoromanische Gestaltung der Fischerbastei. Die Aussichtsterrassen, Türme und Arkaden aus weißgrauem Stein sind ein märchenhafter Hingucker. Geplant hat all das der Architekt Frigyes Schulek, die Bauarbeiten dauerten von 1895 bis 1902. Fisch suchst du hier aber vergeblich – der Name rührt allein daher, dass die Fischerbastei auf den Überresten der alten Stadtmauer des Burgviertels steht, die im Mittelalter von der Fischerzunft gesichert und verteidigt wurde. *Hauptaussichtsplattform 9–19 Uhr, Rest immer zugänglich | abends und nachts sowie ca. Mitte Okt.–Mitte März und 20. Aug. ganztägig Eintritt frei, sonst oberer Terrassenbereich 1000 Ft. | Szentháromság tér | Bus 16, 16A, 116 Dísz tér | I. Bezirk | 20 Min. | b8*

V. & XIII. BEZIRK

Welche Pracht auf nur 2,6 km²! Im V. Bezirk (Belváros, Lipótváros) ste-

hen sage und schreibe 294 Bauwerke unter Denkmalschutz. Er beherbergt einige der großartigsten Sehenswürdigkeiten Ungarns. und mehr von Touristen erobert. Treffend bezeichnet die Architektin Dalma Faddi den V. Bezirk als „Schaufensterstadtteil".

700 Jahre alt und bildhübsch: Der Anblick der Matthiaskirche ist wirklich märchenhaft

Die Macht des Geldes und der Kirche repräsentieren die Prachtbauten nahe dem Parlament, darunter die monumentale Sankt-Stephans-Basilika. Ein Beispiel für luxuriöse Hotelarchitektur ist das Gresham Palace (Four Seasons Hotel) in einem wunderbaren Jugendstilbau. Der V. Bezirk ist mit seinen knapp 26000 Einwohnern das Herz von Pest. Und neben all der beeindruckenden Architektur kann man sich hier auch gut amüsieren, essen und trinken gehen. Gleichzeitig wird die hier lebende Bevölkerung jedoch immer älter, das Viertel wird mehr

Nördlich liegt der XIII. Bezirk (u.a. mit dem Ortsteil Újlipotváros, insgesamt 121000 Ew.), zu dem die Margareteninsel gehört. Hier gibt es auch Straßenzüge mit Bürgerhäusern aus dem 19.Jh., und besonders die Gegend um die Pozsonyi út hat etwas von Budapester Prenzlauer Berg. Geprägt wird der Bezirk jedoch von Arbeiterwohnungen und vielen nationalen Minderheiten.

11 MARGARETENINSEL (MARGITSZIGET) ★

Diese Budapester Attraktion ist kostenlos und bei Tag und Nacht, zu jeder

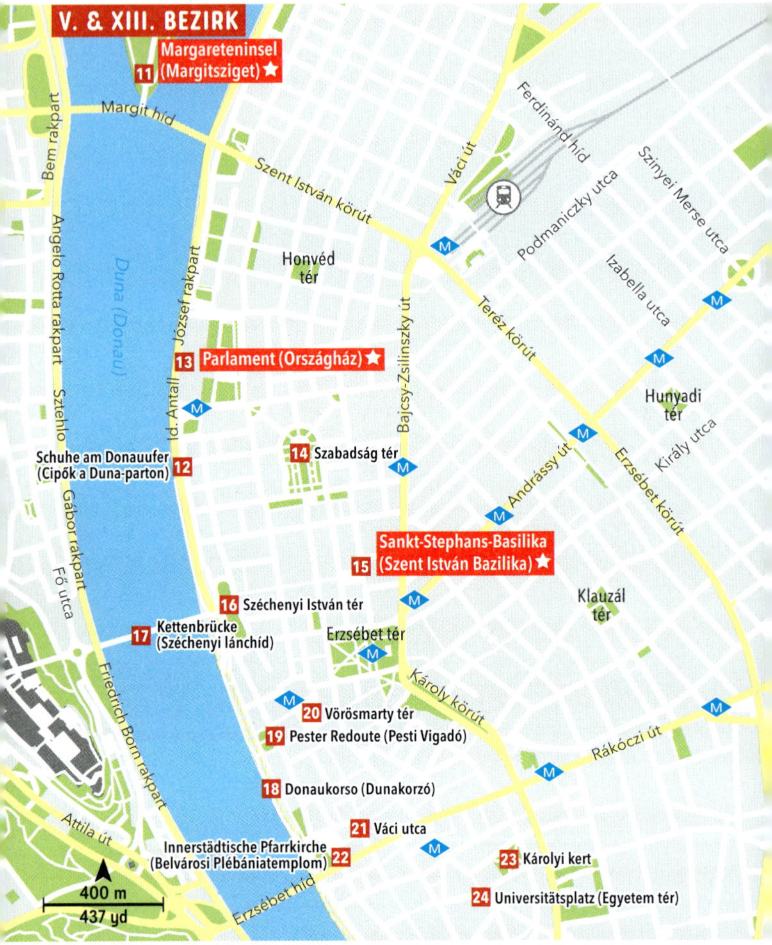

Jahreszeit einen Besuch wert. Hier musst du dich nicht für Buda oder Pest entscheiden, denn die Margareteninsel liegt dazwischen – sie schwimmt in der Donau. Im Norden ist sie über die Árpádbrücke (nicht so hübsch), im Süden über die Margaretenbrücke (sehr hübsch) zu erreichen. Der 2,5 km lange und etwa 500 m breite Riesenpark ist vielleicht das Einzige, auf das sich alle Budapester einigen können. Denn Feierabendjoggerin und skatender Teenie, Tourist und Expat, Hipster mit Bart und Omi mit Gehwagen, alle kommen sie auf die Insel. Im Herbst kann man hier toll durch raschelndes Laub spazieren und Kastanien sammeln, im Sommer mit witzigen Tretkutschen, den *Bringóhintós (März–Sept. Mo–Fr 8–17, Sa/So 9–17 Uhr | Tretmobil ab 4880 Ft., Elektromobil 5580 Ft./Kinder 4880 Ft., Kleinkindermobil 3480 Ft. pro Stunde | Ausleihstationen: am südlichen Ende der Insel beim Springbrunnen, nördlich beim japanischen Garten | bringohinto.hu)*, die Wege unsicher machen. Im Winter bei Schneefall herrscht hier wunderbare Stille, die man sonst in der Stadt vergeblich sucht. Es gibt (leider eher mittelmäßige) Kneipen, Clubs und Restaurants, leckere *lángos*, Eis und Zuckerwatte, den japanischen Garten und den *Minizoo (15. März–4. Nov. tgl. 10–18 Uhr | Eintritt frei)*.

Spaß zu jeder Jahreszeit bietet das *Palatinus-Bad (Palatinus fürdő) (tgl. 8–19 Uhr | Eintritt Mo–Fr 3500 Ft., Sa/So 4000 Ft., Kinder 3–14 Jahre 2900 bzw. 3300 Ft., im Winter teils günstiger | de.palatinusstrand.hu)* mit Thermal-, Wellen- und Kinderbecken und Saunen. Bitte nicht unterschätzen: Die vier Wasserrutschen bereiten großen Spaß, je nach Gewicht nimmt man darin jedoch ganz schön Fahrt auf.

Beliebt sind auch die Freilichtbühne und der Musikspringbrunnen am südlichen Ende der Insel. Das Wahrzeichen der Margareteninsel ist der denkmalgeschützte Wasserturm mit seiner Aussichtsplattform (selbst wenn kaum ein Budapester je dort oben war). *Straßenbahn 4, 6 | Bus 26, 226 Margitsziget/Margit híd | XIII. Bezirk | C–D 3–6*

12 SCHUHE AM DONAUUFER (CIPŐK A DUNA-PARTON)

Es ist ein Bild von eindrücklicher Symbolik, wie sie da nebeneinanderstehen: die Dutzende Paare leerer Schuhe aus Metall, am Donaukai, direkt vor dem Wasser. Das Mahnmal von Gyula Pauer und Can Togay erinnert an die Massenerschießungen von in erster Linie jüdischen Budapestern 1944/45 durch ungarische Faschisten. Die meisten wurden von den Pfeilkreuzlern direkt aus dem Ghetto an die Donau gebracht und kaltblütig ermordet – und das an allen möglichen Orten des Budapester Donauufers. Wirklich besinnen kann man sich auf das bewegende Mahnmal nicht, wenn sich nachmittags überall Touristen tummeln. Für etwas mehr Ruhe solltest du am Morgen herkommen. *Antall József rakpart | U-Bahn 2 Kossuth Lajos tér | Straßenbahn 2 | V. Bezirk | c8*

13 PARLAMENT (ORSZÁGHÁZ) ★

„Ist das zu verkaufen? Wie viele Schlafzimmer hat es?", witzelte Queen-Sänger Freddie Mercury vor vielen Jahren, als er das gigantische Parlament während einer Spazierfahrt auf der Donau erblickte. (Die Antworten: nein und 700 Zimmer.) Kein Wunder – ob vom Wasser oder vom Land aus, der Bau von Architekt Imre Steindl (1839–1902) mit seinen neogotischen Elementen ist überwältigend. Und auch von innen ist das Parlament spannend.

Zu den vielen politischen Ideologien, die das 1902 fertiggestellte Parlament beherbergte, gehörte auch Ungarns Staatssozialismus – er verpasste der 96 m hohen Kuppel zwischen 1950 und 1990 einen fetten roten

Die Sankt-Stephans-Basilika mit ihrer mächtigen Kuppel ist die größte Kirche Budapests

Stern. Und jetzt dreh dich mal um und lauf Richtung Agrarministerium, nur wenige Meter entfernt und ebenfalls auf dem Kossuth tér. Siehst du die kleinen Bronzekugeln an der Gebäudewand? Sie sollen Einschusslöcher symbolisieren und an die Erschießung unbewaffneter Demonstranten am 25. Oktober 1956 hier auf dem Platz erinnern.

INSIDER-TIPP
Verstecktes Mahnmal zum Volksaufstand

Eine Ausstellung über die Geschichte des Parlaments kann am Ende der Führung kostenlos besucht werden, die restlichen Ausstellungen (Lapidarium und „In memoriam 1956") sind für alle kostenlos zugänglich. *April–Okt. tgl. 8–16 Uhr | Führungen auf Deutsch tgl. 9.30 Uhr | Eintritt EU-Bürger 4200 Ft., Nicht-EU-Bürger 8400 Ft. | Ticketbüro im Besucherzentrum (unterirdisch an der Nordseite des Parlaments) | Onlinetickets (sinnvoll, um Schlangestehen zu vermeiden): jegymester.hu/parlament | Kossuth Lajos tér | parlament.hu/web/visitors | U-Bahn 2 Kossuth Lajos tér | Straßenbahn 2 | V. Bezirk | nur Führung 50 Min., mit Ausstellung im Besucherzentrum 1 ½ Std. | c8*

14 SZABADSÁG TÉR

Auf den ersten Blick scheint er ganz friedlich, der Freiheitsplatz in südlicher Nähe des Parlaments. Und dann stehen da plötzlich ein mit einem vergoldeten roten Stern gekrönter, riesiger Obelisk (das Denkmal von 1946 für die gefallenen sowjetischen Soldaten), eine Ronald-Reagan-Bronzeskulptur (2011) und das umstrittene Denkmal für die Opfer der deutschen Besatzung (2014). Wie du sehen wirst (und schau dir das Monstrum unbedingt an!), wird hier mit Vorschlaghammerrhetorik der Moment gezeigt, in dem Erzengel Gabriel den Reichsapfel (Ungarn) an einen herabstürzenden Adler (Deutschland) verliert. Über diese von der Fidesz-Regierung subventionierte Geschichtsdeutung zeigten sich viele Ungarn (darunter der Ungarische Verband Jüdischer Gemeinden) so empört, dass direkt davor eine kleine Ausstellung als Gegendenkmal entstand, die ständig aktualisiert wird. Spannend! *U-Bahn 2 Kossuth Lajos tér | Straßenbahn 2 | V. Bezirk | D8*

INSIDER-TIPP
Aus anderer Perspektive

15 SANKT-STEPHANS-BASILIKA (SZENT ISTVÁN BAZILIKA) ★

Und plötzlich ragt sie vor dir empor, gewaltig und majestätisch: die Basilika. Von 1867 bis 1906 wurde an dieser neoklassizistischen Kirche gebaut. Ihre Kuppel ist 96 m hoch; sie stürzte 1868 ein und zerstörte das damals halbfertige Bauwerk. Die bedeutendsten Kunstwerke in der Kirche sind die Statuen von Alajos Stróbl, das Altargemälde von Gyula Benczúr und die Kuppelmalerei. In der Basilika wird eine bedeutende Reliquie, die mumifizierte Hand des Königs Stephan, ausgestellt. Von der Aussichtsterrasse kannst du einen großartigen Ausblick genießen. Hinauf geht es mit dem Lift, dann folgt noch eine Treppe. Rechts des Eingangs geht es hinunter in die Schatzkammern. Über das Programm (z.B. Chor- und Orgelkonzerte) kann man sich vor Ort oder auf *bazilika.biz/en* informieren. *Mo 9–16.30, Di–Sa 9–17.45, So 13–17.45 Uhr | Eintritt 1200 Ft. nur Kirche, 2200 Ft. Aussichtsterrasse und Schatzkammer, 3200 Ft. kombiniertes Ticket | Szent István tér 1 | U-Bahn 1 Bajcsy-Zsilinszky út | U-Bahn 3 Arany János utca | V. Bezirk | 1 Std. | D9*

16 SZÉCHENYI ISTVÁN TÉR

Roosevelt tér – merk dir am besten auch diesen Namen, denn die meisten Einheimischen nennen den 2001 in Széchenyi tér umbenannten Platz immer noch so, nach dem ehemaligen US-Präsidenten. Der Platz am Pester Ende der Kettenbrücke ist vor allem wegen zweier imposanter Gebäude sehenswert: wegen des *Gresham-Palasts,* der das Four Seasons Hotel (und regelmäßig Hollywood- und Popstars) beherbergt, und des markanten Neorenaissancebaus der *Ungarischen Akademie der Wissenschaften (Magyar Tudományos Akadémia)* oder MTA. In Letzterer arbeiten ganz viele Gehirnzellen ständig an ganz schlauen Sachen, z.B. Wissenschaftler gemeinsam mit Audi am Auto der Zukunft. Und mit der MTA schließt sich auch der Kreis zum Grafen István Széchenyi, denn der bot 1825 großzügig den in einem ganzen Jahr erbrachten Ertrag seiner Ländereien zur Schaffung der Wissenschaftsakademie an. *Straßenbahn 2 | Bus 105, 178 Széchenyi István tér | V. Bezirk | c9*

17 KETTENBRÜCKE (SZÉCHENYI LÁNCHÍD)

Keine Frage, die wunderhübsche Kettenbrücke ist die Lieblingsbrücke der meisten Budapester und Stadtbesucher. Und jetzt kommt leider gleich die schlechte Nachricht: Seit Ende März 2021 und planmäßig bis 2023 finden an der Brücke, die erstmals 1849 dem Verkehr übergeben worden war, Bauarbeiten statt. Unter anderem werden die Bürgersteige verbreitert (damit du in zwei Jahren nicht mehr ständig Selfiesticks von anderen Touristen ins Gesicht bekommst) und umweltfreundliche LED-Lichter installiert. Autos dürfen die Kettenbrücke laut Plan 18 Monate nach Beginn der Bauarbeiten passieren. Solltest du der Brücke zumindest etwas näherkommen können, schau dir die Löwenstatuen an den Enden an: Angeblich beging der Bildhauer János Marschalkó Selbstmord, als ihm auffiel, dass er vergessen hatte, den Löwen Zungen zu meißeln (ist zum Glück aber wirklich nur eine *urban legend*). *V. Bezirk* | *c9*

INSIDER-TIPP
Löwen, Zungen und Großstadtlegenden

18 DONAUKORSO (DUNAKORZÓ)

Redingote-Mantel, Spazierstock und übergroßen Federhut eingepackt und ab auf die Flaniermeile! Der Donaukorso erstreckt sich zwischen Kettenbrücke und Elisabethbrücke, und dieses Stück Pester Donauufer hat noch immer etwas von der Extravaganz der Belle Époque – kein Wunder bei all den hochpreisigen Restaurants und Hotels am Korso und den beeindruckenden Bauwerken wie der Pester Redoute. Vergiss nicht, ein Foto mit der bronzenen, auf dem Geländer sitzenden „Königstochter" zu knipsen ... *V. Bezirk* | *c–d 9–10*

19 PESTER REDOUTE (PESTI VIGADÓ)

Richard Wagner, Claude Debussy, Franz Liszt – alle waren sie hier, in der 1865 als Konzert- und Ballsaal eröffneten, gigantischen Redoute. Kein Wunder, allein die reichen Fassadenverzierungen und der neoromanische Baustil lohnen einen Besuch. Daneben finden Konzerte und Ausstellungen statt. Wer Hunger hat, dem sei das Inhouse-Restaurant *VígVarjú* empfohlen (gute Mittagsangebote!). *Tgl. 10–19 Uhr* | *Eintritt 1500 Ft.* | *Vigadó tér 2* | *vigado.hu* | *U-Bahn 1 Vörösmarty tér* | *Straßenbahn 2 Vigadó tér* | *V. Bezirk* | *1 Std.* | *c–d9*

20 VÖRÖSMARTY TÉR

In der Mitte des Platzes steht das Denkmal des Dichters Mihály Vörösmarty (1800–55). Das prächtige Monument ist aus feinem Carrara-Marmor gearbeitet. An der Stirnseite gegenüber der Váci utca liegt das Kaffeehaus Gerbeaud. *U-Bahn 1 Vörösmarty tér* | *V. Bezirk* | *d9*

21 VÁCI UTCA

Die Shoppingmeile zwischen Vörösmarty tér, Ferenciek tere und Fővám tér ist ein Besuchermagnet. Du findest dort die für Einkaufsmeilen typischen internationalen Boutiquen und Parfümerien. Ein eigenes Flair hat vor allem der zur Fußgängerzone umgestaltete südliche Abschnitt bis zum Fővám tér mit interessanten Geschäften, wie z. B. Mode- und Antiquitätenläden. *U-Bahn 1 Vörösmarty tér* | *U-Bahn 3 Ferenciek tere* | *U-Bahn 4 Fővám tér* | *V. Bezirk* | *d9–11*

22 INNERSTÄDTISCHE PFARRKIRCHE (BELVÁROSI PLÉBÁNIATEMPLOM)

Ein bisschen nach rechts, bitte! Ein Fun Fact zu dieser römisch-katholischen Kirche ist, dass sie Anfang des 20. Jhs. aus Platzgründen beinah um ein paar Meter verschoben worden wäre. Grund war der Bau der Elisabethbrücke, die sich – wie man heute noch sieht – wirklich sehr nah an das Gotteshaus kuschelt. Die Besichtigung lohnt sich, wenn du auf Zeitreisen stehst. Denn die Kirche erlaubt wortwörtlich einen Einblick in ihre 2000-jährige Vorgeschichte: Durch Plexiglas im Boden des Kirchenschiffs kannst du die Krypta aus der Römerzeit sehen (man kann auch hinuntergehen), eines der Fresken datiert ins 14. Jh., und sogar die muslimische Gebetsnische, die Mihrab – eine Hinterlassenschaft der osmanischen Besatzung – ist noch erhalten. *Mo–Sa 9–17, nur außerhalb der Messe | Eintritt 2600 Ft. (damit können Ober- und Unterkirche und der Aussichtsturm besichtigt werden) | Március 15. tér | belvarosiplebania.hu | U-Bahn 3 Ferenciek tere | Straßenbahn 2 Március 15. tér | V. Bezirk | 30 Min. | d10*

NSIDER-TIPP
Exklusiver 2000-jähriger Durchblick

23 KÁROLYI KERT

Eine ruhige, behütete Oase mitten im Trubel der Pester Innenstadt. Der kleine Park ist von einem schmiedeeisernen Zaun umgeben, Hunde sind nicht erlaubt – somit ist das Herumtollen hier selbst für die Kleinsten absolut sicher. Das können sie auf gleich zwei Spielplätzen, während Mama und Papa eine Limonade oder einen Cold Brew von einem der umliegenden Cafés schlürfen. Kind- und elterngerecht! *Ferenczy István utca | U-Bahn 2 Astoria | Straßenbahn 47, 48, 49 | V. Bezirk | e10*

Am Vörösmarty tér könntest du schwach werden: Kaffeehaus Gerbeaud

24 UNIVERSITÄTSPLATZ (EGYETEM TÉR)

Seit der Verkehrsberuhigung strahlt der Platz im Süden des Stadtzentrums mit dem zentralen Universitätsgebäude und dem Károlyi-Palais wieder viel Charme aus. Mehrere Cafés laden zu einer Pause ein, und der kleine, ruhige Park Károlyi kert ist nur wenige Schritte entfernt. Um die Ecke liegt die *Universitätskirche (Egyetemi temp-*

lom) ein barockes Meisterwerk aus der Mitte des 18. Jhs. – besonders schön sind die zarten Fresken und die Kanzel. *U-Bahn 3, 4 Kálvin tér | Straßenbahn 47, 48, 49 | V. Bezirk | d–e10*

VI. & XIV. BEZIRK

Ein besonderer Mix aus Kultur und Szenetreiben findet sich im VI. Bezirk (Terézváros/Theresienstadt). Das Aushängeschild ist der Prachtboulevard Andrássy út.

An und nahe der Andrássy út liegen große Kunst und leichte Muse dicht beieinander, z. B. die Oper, die Musikakademie und das Operettentheater. Entsprechend lebhaft ist auch die Restaurant- und Cafészene des Stadtteils (39 000 Ew.), vor allem am Liszt Ferenc tér, dem „Budapester Broadway".

Mit Budapests repräsentativstem Platz, dem Heldenplatz am nordöstlichen Ende der Andrássy út, und dem daran angrenzenden Stadtwäldchen hat der XIV. Bezirk (Zugló, 124 000 Ew.) zwei Anziehungspunkte der Hauptstadt.

25 ANDRÁSSY ÚT ★

Hallo, du trampelst da gerade auf einem Unesco-Welterbe herum! Nur zu, denn dazu ist dieser pathetische Boulevard da – sofern du seine 2,5 km Länge nicht per U-Bahn zurücklegen willst. Denn auch diese, die *Földalatti* (Unterirdische), hat ihren Reiz. Sie ist klein, die Waggons kurz, und die Türen schließen sich so schnell, dass man sie selbst bereits auf dem Bahnsteig stehend leicht verpassen kann. 1896 in Betrieb genommen, war sie übrigens die erste U-Bahn Kontinentaleuropas. Doch zurück über Tage, auf die Andrássy út. Zwischen ihrem Startpunkt an der Kreuzung Bajcsy-Zsilinszky út und dem Ende am herrlich-großen Heldenplatz durchläuft die „Champs-Élysées von Budapest" verschiedene Phasen. Anfangs lädt sie ein zum Windowshopping in diversen Luxusgeschäften, dann, vorbei am wunderbaren Opernhaus, macht sie mit all den Restaurants links und rechts hungrig. Hinterm Oktogon wird sie ruhiger, die Architektur eleganter, bis einen – vor dem Milleniumsdenkmal angekommen – die Weite des Heldenplatzes umhaut. *VI. Bezirk | D–F 7–9*

26 OPER (OPERAHÁZ)

Hach, das Opernhaus! Der elegant-imposante Bau im Stil der Neorenaissance, errichtet 1875–84, ist ein Werk des Architekten Miklós Ybl, der mit seinem Schaffen an der gesamten Andrássy út Spuren hinterließ. Blendend schön ist nicht nur die Fassade, sondern auch die prunkvolle Innenausstattung. Seit 2022 kann die Oper nach ca. fünf Jahren endlich wieder vollständig besucht werden. Im Zuge von Modernisierungen und Rekonstruktionen wurden Details neu vergoldet, die Akustik im Hauptsaal verbessert und – wow! – auch Briefe aus den 1880er- und 1890er-Jahren gefunden. *Andrássy út 22 | opera.hu | U-Bahn 1 Opera | VI. Bezirk | D–E8*

Zeitlos pompös: das goldglänzende Innere der Oper

27 LISZT FERENC TÉR

Etwa 200 m lang, in der Mitte ein parkartiger Grünstreifen und rundherum Cafés und Restaurants: Eher eine Gasse als ein klassischer Platz, ist der Liszt Ferenc tér ein lauschiges Fleckchen in der lauten, geschäftigen Innenstadt. Namensgeber, Klaviervirtuose und Komponist Franz Liszt (1811–86) sitzt großformatig in der Mitte – als zu seinem 100. Todestag aufgestelltes Denkmal – und thront in Form einer Bronzestatue auf dem prachtvollen Gebäude der Liszt-Ferenc-Musikakademie an der Ecke zur Király utca. Schnapp dir einen Kaffee oder ein Eis und lass dich auf einer der Sitzgelegenheiten nieder – und schau dem Treiben zu. *U-Bahn 1 Oktogon | Straßenbahn 4, 6 | VI. Bezirk | E8*

INSIDER-TIPP
Abwarten und Kaffee trinken

28 OKTOGON

An der Kreuzung von Andrássy út und Térez körút säumen Mietshäuser aus dem 19. Jh. diesen Platz, auf dem fast immer viel Gewusel herrscht. Beliebt ist er auch als Treffpunkt, um von hier aus gemeinsam in die Nacht zu starten. *U-Bahn 1 Oktogon | Straßenbahn 4, 6 | VI. Bezirk | E8*

29 HAUS DES TERRORS (TERROR HÁZA)

Das Haus des Terrors setzt den Opfern zweier Epochen des 20. Jhs. ein Denkmal: den Opfern des Kommunismus und denen der Juden- und Romaverfolgung. Und das an genau dem Ort, der von 1937 an der Sitz der grauenvollen Geheimdienst- und Folterschergen der Nazis wie der Kommunisten war. In den Folterkellern dieser Villa wurden ungezählte Menschen physisch und psychisch ruiniert und zu Tode gequält. Nach dem Ende des Zweiten Weltkriegs übernahmen die ungarischen Geheimdienst- und Sicherheitsorgane das Anwesen, internierten, quälten und schickten Hunderttausende in sowjetische Lager. *Di–So 10–18 Uhr | Eintritt 3000 Ft. | Andrássy út 60 | terrorhaza.hu/en | U-Bahn 1 Oktogon | Straßenbahn 4, 6 | VI. Bezirk | 2 ½–3 Std. | E8*

30 HELDENPLATZ (HŐSÖK TERE) ★

Der Heldenplatz am nordöstlichen Ende der Andrássy út ist der größte Platz der Stadt und verbindet Nationalstolz und Ästhetik zu einem gelungenen Ganzen. Die 36 m hohe Säule in der Platzmitte, das Millenniumsdenkmal, erinnert an die Tausendjahrfeier der „Landnahme" von 896. Im Jahr 1896 beschloss das Parlament, ein Monument in Auftrag zu geben, doch bis es 1929 fertiggestellt war, vergingen 33 Jahre. Oben auf der Säule steht der Erzengel Gabriel. Er soll König Stephan im Traum befohlen haben, die Ungarn zum Christentum zu bekehren. Heute schaut er den Skateboardern zu, die auf dem Platz herumsausen. Die Statuen in den beiden Kolonnadenbögen zeigen die Helden der ungarischen Geschichte. Die weiteren zentralen Gestaltungselemente des Platzes sind zwei klassizistische Bauten: die Kunsthalle und das Museum der Bildenden Künste. *U-Bahn 1 Hősök tere | Bus 20E, 30, 30A,*

Das Haus des Terrors erinnert an die Opfer grausamer Regime des 20. Jhs.

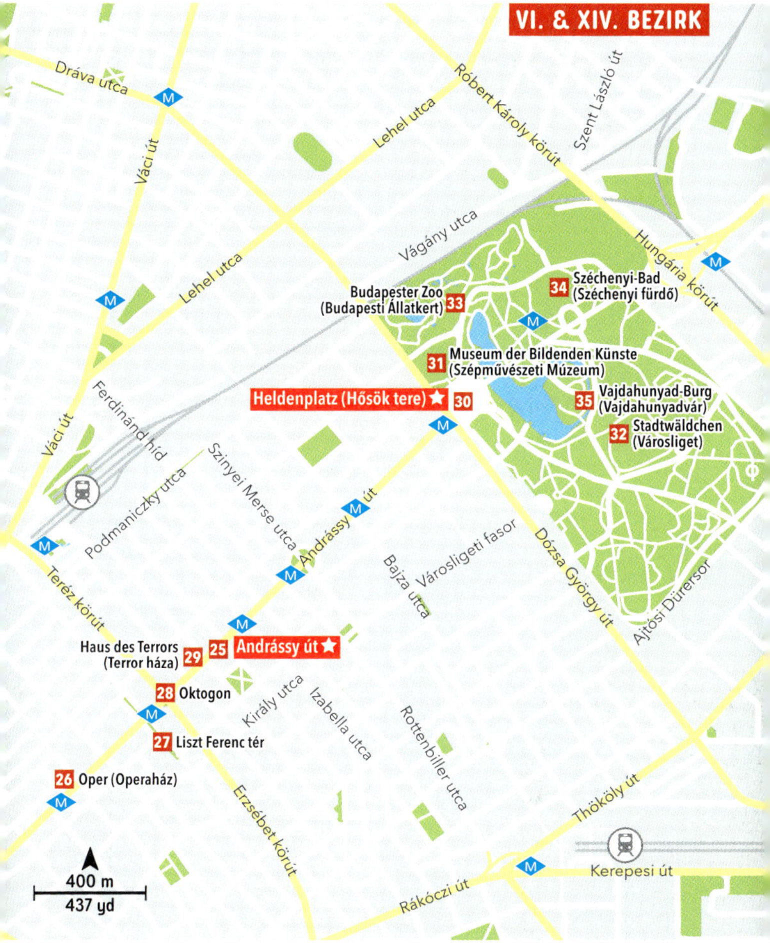

105, 178, 230 Trolleybus 75, 79M |
XIV. Bezirk | G6

31 MUSEUM DER BILDENDEN KÜNSTE (SZÉPMŰVÉSZETI MÚZEUM)

Wenn du klassische Kunst der modernen vorziehst, ist dieses Museum dein Pflaster. Auch dieses Gebäude ist über 100 Jahre alt, und seine Sammlung – ägyptische, griechische und römische Objekte und eine große Auswahl italienischer Malerei – ist noch viel älter. Hier gab es schon hochkarätige Ausstellungen von Pablo Picasso und Salvador Dalí über Frida Kahlo bis hin zu Michelangelo und Henri de Toulouse-Lautrec. Das Museum wurde kürzlich aufwendig renoviert und modernisiert. Unter anderem kannst du dich hier nun auf der weltweit größten LCD-Videowand über knapp 300 Kunstwerke schlaumachen. *Di–So 10–18 Uhr | Eintritt 3400 Ft., EWR-Staatsangehörige bis 26 Jahre 1600 Ft., 62–70 Jahre 1700 Ft. | Dózsa György út 41 | mfab.hu | U-Bahn 1 Hősök tere | Bus 20E, 30, 30A, 105, 178, 230 Trolleybus 75, 79M | XIV. Bezirk | 2–3 Std. | F-G6*

32 STADTWÄLDCHEN (VÁROSLIGET)

Unendliche Weiten – und viel zu entdecken: Das 100 ha große Stadtwäldchen ist eine mit spannenden Zielen wie der „Märchenburg" Vajdahunyad, dem Széchenyi-Bad und dem Zoo gespickte Parkanlage. Seine Glanzzeit hatte es in den Jahren von 1867 bis 1914 – und war damals ein richtiger Vergnügungspark. Sowohl Mägde und Hausdiener als auch aristokratische Damen und Herren amüsierten sich hier oder gingen einfach nur spazieren. Heute kommen die Budapester gern her, um auf dem künstlich angelegten See im Sommer Boot zu fahren und im Winter Schlittschuh zu laufen *(Eisbahn meist Nov.–Ende Feb. Mo–Fr 9–13 und 17–21, Sa 10–14 und 16–21, So 10–14 und 16–20 Uhr | Eintritt Mo–Fr vormittags 1500 Ft., Fr nachmittags bis So 2000 Ft. | Schlittschuhausleihe 2500 Ft. plus 2000 Ft. Pfand, Doppelkufenschlittschuhe/Bobby-Eislaufhilfen für Kinder je 500 Ft. | Olof Palme sétány 5 | mujegpalya.hu/en).*

INSIDER-TIPP: Von Paddeln bis Schlittern

Viel ist hier schon umstrukturiert worden, umgerechnet wurden mehrere Hundert Millionen Euro in das umstrittene Bauprojekt „Liget Budapest" investiert. Von den Befürwortern wird es als größtes Kulturprojekt Europas bezeichnet. Zivile Aktivisten und oppositionelle Politiker sehen es hingegen als umweltschädigende Geldverschwendung, denn die Grünfläche des öffentlichen Parks wird durch die Bebauung erheblich gemindert. Was man auch immer davon halten mag: Manches von dem, was hier entstanden ist, sieht beeindruckend aus, z.B. das *Haus der Musik (Zene háza)*, dessen Architektur sich wie ein riesiger weiß-goldener Pilz zwischen die Bäu-

Witzig an Sommertagen: Tretboot fahren auf dem See im Stadtwäldchen me schmiegt. Es hat u. a. eine Freiluftbühne, einen Konzertsaal und ein unterhaltsames, interaktives Museum. Daneben befindet sich ein sehr gelungener „musikalischer Spielplatz" – solltest du mit Kindern kommen, plan auf jeden Fall einen Abstecher hierher. *U-Bahn 1 Hősök tere und Széchenyi fürdő | Bus 20E, 30, 30A, 105, 178, 230 Hősök tere, Trolleybus 75, 79M Hősök tere, 72M Széchenyi fürdő | XIV. Bezirk | G–H 6–7*

33 BUDAPESTER ZOO (BUDAPESTI ÁLLATKERT)

Der Zoo im Stadtwäldchen wurde 1866 gegründet und bietet nicht nur vielen exotischen Tieren ein Zuhause, sondern ist wegen seiner großartigen Jugendstilgebäude auch ein architektonisches Highlight. Besondere Hingucker sind das reich verzierte Elefantenhaus und das Palmenhaus, die zu Beginn des 20. Jhs. entstanden. Die bunten Fliesen stammen aus der berühmten südungarischen Zsolnay-Manufaktur. Ein Publikumsmagnet sind auch die 2022 geborenen Manule, eine aus Zentralasien stammende Katzenart.

Vor einigen Jahren übernahm der Zoo das Gelände des ehemaligen Vergnügungsparks – mehrere der denkmalgeschützten Attraktionen stehen nun in der *Holnemvolt Vár (holnemvoltvar.hu)* und nach Bauabschluss im *Biodom* (Bauprojekt „Liget Budapest") Besuchern offen. *Kernöffnungszeit tgl. 9–16 Uhr | Eintritt 3300 Ft., Kinder (2–18 Jahre) 2200 Ft., unter 2 Jahren 200 Ft., Familienkarte (2 Erwachsene und 1 Kind) 8000 Ft. | Állatkerti körút 6–12 | zoobudapest.com | U-Bahn 1 Széchenyi fürdő | XIV. Bezirk | 3 Std. | F–G6*

34 SZÉCHENYI-BAD (SZÉCHENYI FÜRDŐ)

Das sonnengelb angestrichene Bad gleicht einer prächtigen Schlossanlage. Es hat zwölf Innen- und drei Außenbecken, Saunen, Dampfkabinen, Buffet, Massageangebote – und die farbenfrohe Veranstaltungsreihe *ColorBath (colorbath.hu)* freitagabends, die zwischen Lichtershow und lockerer Party variiert. Es macht aber auch einfach nur Spaß, in einem der Open-Air-Pools zu sitzen und das warme Thermalwasser zu genießen. Charmant sind die vom Wasser aus bespielbaren Schachbretter, die tatsächlich fast immer besetzt sind. Am besten Handtuch und Badelatschen selbst mitbringen, sonst müssen sie teuer vor Ort erworben werden. *Mo–Sa 7–20 Uhr | Tageskarte mit Kabinenbenutzung Mo–Fr 7100 Ft., Sa/So 7600 Ft. | Állatkerti körút 11 | szechenyibath.hu | U-Bahn 1 Széchenyi fürdő | Trolleybus 72M | XIV. Bezirk | G6*

35 VAJDAHUNYAD-BURG (VAJDAHUNYADVÁR)

Willkommen im Disneyschloss Budapests! Diese märchenhaft anmutende Burg im Stadtwäldchen wurde im 19. Jh. erbaut – zunächst 1896 als Holzmodell zur Budapester Millenniumsausstellung, 1908 schließlich auch dauerhaft aus Stein. Vorbild war in erster Linie die Burg Hunedoara (Vajdahunyadi vár) in Siebenbürgen. Der Architekt ließ sich aber von allen möglichen traditionellen Baustilen Ungarns inspirieren, weshalb die verschiedenen Gebäudeteile Stilelemente aus Romanik, Gotik, Renaissance und Barock aufweisen. Im Barockstil ist auch das *Landwirtschaftsmuseum (Mezőgazdasági Múzeum | Di–Sa 10–17 Uhr | Eintritt 2500 Ft. | mezogazdasagimuzeum.hu)* untergebracht. Seine Exponate sind zwar nur so halb spannend, aber die prächtig ausgestatteten Räume, die man dabei zu sehen kriegt, könnten für dich einen Besuch lohnen. Alternativ kannst du auch nur die beiden Türme *Kaputorony* (Torturm) und *Apostolok tornya* (Aposteltturm) besuchen und die Aussicht genießen *(tgl. | Eintritt Kaputorony 300 Ft., Apostolok tornya 600 Ft.)*. Letzerer ist zwar nur mit Führung zu besichtigen, bietet aber den viel beeindruckenderen Ausblick. *Vajdahunyad sétány | U-Bahn 1 Széchenyi fürdő | Trolleybus 72M | XIV. Bezirk | ca. 2 Std. | G6*

INSIDER-TIPP
Rapunzel spielen im Disney-Schloss

VII. & VIII. BEZIRK

Hip ist in der Király utca nicht nur der Gozsdu-Hof. Die neue Szenemeile gehört verwaltungsmäßig zwar noch zum VI. Bezirk, ist aber der Einstieg zur Entdeckung des VII. Bezirks (Erzsébetváros/Elisabethstadt, 52 000 Ew.) mit dem alten jüdischen Viertel.

Der VII. Bezirk steht für Aufbruchstimmung und mahnende Erinnerung. Dieser Teil der Stadt war früher vor allem zwischen der Király utca und der Dohány utca von jüdischem Leben und Glauben geprägt. Heute ist er auf dem besten Weg, Tradition und Moderne miteinander zu verbinden. Ob coole Designläden oder koschere Restaurants, angesagte Bars oder jüdische Devotionalienläden, prächtig restaurierte Häuser oder noch immer sichtbarer Verfall: Hier befindet sich ein Szeneviertel mit besonderem Flair. Die Entwickung der ungarischen Literatur ist im VII. Bezirk untrennbar dem Kaffeehaus New York verbunden. Der Nachfolger erstrahlt zwar im alten Glanz, Literaten finden sich hier allerdings nicht mehr. Die junge Szene trifft sich heute in den „Ruinenkneipen" des ehemaligen jüdischen Viertels.

Der VIII. Bezirk (Józsefváros/Josefstadt, 77 000 Ew.) war in den 1930er-Jahren das Zuhause der Künstlerelite des Landes und umfasst auch ein ausgedehntes Arbeiterviertel. Vor Jahren machte er als sozialer Brennpunkt Schlagzeilen, doch er mausert sich. Das gilt insbesondere für das studentisch geprägte „Palastviertel" rund um das Nationalmuseum. Wer einen Eindruck vom Modernisierungsprozess bekommen möchte, erkundet ein paar Straßenzüge rund um den Gutenberg tér (nahe dem Blaha Lujza tér). Aus den Häuserzeilen springen wunderbar restaurierte Gebäude ins Auge, aber dazwischen liegen auch noch Häuser, die aussehen wie in der Zeit nach dem Zweiten Weltkrieg.

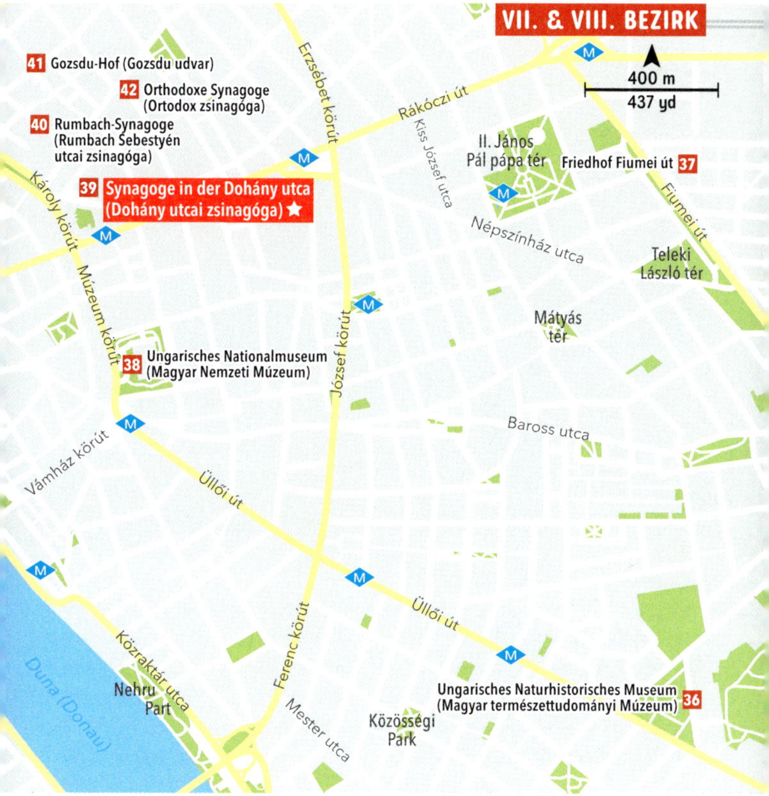

36 UNGARISCHES NATURHISTORISCHES MUSEUM (MAGYAR TERMÉSZETTUDOMÁNYI MÚZEUM)

Der klassizistische Museumskomplex ist eine faszinierende Erlebniswelt. Der Glasboden in der Passage zur Ausstellung gibt den Blick frei auf Korallenriffe, in der Eingangskuppel schwebt das 3 t schwere Knochengerüst eines Furchenwals. Die Sammlung „Verschwundene Welten" lässt eine Welt der Legenden und Mythen lebendig werden. *Do–So 10–20 Uhr | Eintritt 2600 Ft., 6–26 Jahre 1300 Ft. | Ludovika tér 2–6 | nhmus.hu/en | U-Bahn 3 Semmelweis Klinikák | VIII. Bezirk | 1 ½–2 Std. | H12*

37 FRIEDHOF FIUMEI ÚT (FIUMEI ÚTI SÍRKERT)

Hinter vorgehaltener Hand könnte man diesen Friedhof (auch: Kerepesi temető) als riesigen Skulpturenpark bezeichnen. Denn es ist schon erstaunlich, was für schmuckvolle Gräber man hier zu sehen bekommt. Hier, in einem Park mit vielen alten Bäu-

Angesagt zum Flanieren und Feiern: der Gozsdu-Hof im jüdischen Viertel

men, wurden bedeutende Politiker des 19. Jhs. in Ehrengräbern beigesetzt. Ein imposantes Mausoleum im südlichen Teil des Friedhofs bekam Lajos Kossuth, der Freiheitskämpfer der Revolution von 1848. Auf dem Friedhof sind auch Dichter und Denker begraben, darunter der Romancier Jókai Mór (1825–1904, Parzelle 18) und der Lyriker Endre Ady (1877–1919, Parzelle 19/1). Ebenfalls in Parzelle 19 befindet sich das Grab des 2019 verstorbenen ungarisch-amerikanischen Filmproduzenten Andy Vajna.

INSIDER-TIPP
Jüdische Ecken entdecken

Am Ostrand der Anlage liegt ein verfallener *Jüdischer Friedhof (Salgótarjáni utcai zsidó temető)* mit beeindruckenden Mausoleen. *Kernöffnungszeit Fiumei úti sírkert 7–17 Uhr, Salgótarjáni utcai zsidó temető 8–14 Uhr | Fiumei út 16–18 | U-Bahn 2, 4 Keleti pályaudvar | Straßenbahn 2M, 24, 28, 28A Dologház utca | fiumeiuti sirkert.nori.gov.hu | zsidotemeto.nori.gov.hu | VIII. Bezirk | H–J 9–10*

38 UNGARISCHES NATIONALMUSEUM (MAGYAR NEMZETI MÚZEUM)

Bevor du reingehst – bleib erst einmal etwas draußen! Der Garten und die große Freitreppe des 1847 eröffneten Museums sind besonders bei den Studenten der nahe gelegenen Elte-Uni beliebt und super für einen Kaffee vor dem Ausstellungsmarathon. Denn drinnen gibt's eine Menge zu sehen. Am besten, du arbeitest dich vom Untergeschoss nach oben und somit durch die verschiedenen Etappen der ungarischen Geschichte. Besonders spannend ist für die meisten die Neuzeit vom Ende des Zweiten Weltkriegs bis zum Fall des Kommunismus. Das Museum ist stolz auf den prunkvollen Krönungsmantel des ersten ungarischen Königs Stephan. *Di–Do, Sa/So 10–18, Fr 10–22 Uhr | Eintritt 2900 Ft. | Múzeum körút 14–16 | mnm.hu/en | U-Bahn 3, 4 Kálvin tér | Straßenbahn 47, 48, 49 | VIII. Bezirk | 2 Std. | e10*

39 SYNAGOGE IN DER DOHÁNY UTCA (DOHÁNY UTCAI ZSINAGÓGA) ★

Sie ist die größte Synagoge Europas und zählt zu den großartigsten Bauwerken der Stadt: Die „Große Synagoge" in der Dohány utca ist seit ihrer Fertigstellung im Jahr 1859 der Mittelpunkt des jüdischen Lebens in Budapest. Das Gotteshaus mit den Zwiebeltürmen wurde im byzantinisch-maurischen Stil errichtet und gehört zum neologischen Judentum – einer ungarischen, eher progressiven Strömung. In ihrem Hof, wo sich das *Holocaust-Denkmal* des Bildhauers Imre Varga befindet – ein silbrig schimmernder Baum des Lebens –, wurden Tausende Opfer des Faschismus begraben. Ein Seitenflügel der Synagoge beherbergt das *Jüdische Museum (Magyar Zsidó Múzeum | milev.hu)* mit einer reichen Sammlung von Judaika von der Römerzeit bis zum 20. Jh. An der Stelle des heutigen Museums stand im 19. Jh. das Geburtshaus von Theodor Herzl (1860–1904), dem Begründer des Zionismus.

INSIDER-TIPP
Guerilla mit Fahrrad

Halt Ausschau nach einem Strommast auf dem Vorplatz der Synagoge. Dort hat der Künstler Mihály Kolodko in einer ursüßen Ministatue Theodor Herzl mit seinem Fahrrad in einer Guerilla-Aktion verewigt. Schulterfrei darf die Synagoge nicht betreten werden, Männer müssen außerdem eine Kippa tragen. *Mai–Okt. So–Do 10–18, Fr bis 16 Uhr, sonst kürzer, an Feiertagen geschl. | Eintritt 7000 Ft., Führung (auch auf Deutsch) inbegriffen | Tickets auf jewishtourhungary.com/de | Dohány utca 2 | dohany-zsinagoga.hu | U-Bahn 2 Astoria | Straßenbahn 47, 48, 49 | VII. Bezirk | 1 ½ Std. | e9*

40 RUMBACH-SYNAGOGE (RUMBACH SEBESTYÉN UTCAI ZSINAGÓGA)

Ist das jetzt Budapest oder Granada? Beim Anblick der Rumbach-Synagoge eine berechtigte Frage, denn die wunderschöne, hoch nach oben ragende Fassade weist starke arabische Einflüsse auf. Diese „Kleine Synagoge" im Besitz der Jüdischen Glaubensgemeinschaft Budapest (BZSH) ist ein Frühwerk des Wiener Jugendstilarchitekten Otto Wagner (1841–1918). Die Synagoge wurde jahrelang aufwendig restauriert und erstrahlt seit 2021 in neuem Glanz. *Tickets auf jewishtourhungary.com/de, Kombitickets mit der Synagoge in der Dohány utca erhältlich | Rumbach Sebestyén utca 11–13 | U-Bahn 1, 2, 3 Deák Ferenc tér | Straßenbahn 47, 48, 49 | VII. Bezirk | e9*

41 GOZSDU-HOF (GOZSDU UDVAR)

Manó Gozsdu: So hieß der Mann aus Rumänien, nach dem dieser imposante, 1902 erbaute Gebäudekomplex benannt wurde. Der Gozsdu-Hof am Rand des alten jüdischen Viertels ist ein architektonisches Meisterwerk, das von der Király utca 13 bis zur Dob utca reicht. Der lang gestreckte Komplex umfasst sieben Häuser und sechs hintereinanderliegende Innenhöfe – du spazierst hier von einem Hof zum anderen. Im Gozsdu-Hof trifft sich auch die Szene, abends wird gefeiert. Zahlreiche nette Restaurants, Bars und Cafés haben sich angesiedelt, empfehlenswert sind beispielsweise das *Sáo* (die *bún*-Nudelsuppe ist spitze) und die stylishe Tapasbar *Vicky Barcelona* mit dem benachbarten *Jardín* für Cocktails. *Király utca 13/Dob utca 16 | gozsdu udvar.hu | U-Bahn 1, 2, 3 Deák Ferenc tér | VII. Bezirk | e9*

42 ORTHODOXE SYNAGOGE (ORTODOX ZSINAGÓGA)

Ganz schön massiv kommt sie von außen betrachtet daher, die Orthodoxe Synagoge. Sie ist eine der drei großen Synagogen im jüdischen Viertel, der Jugendstilbau wurde 1911–13 für die orthodoxe Gemeinde errichtet. Aufgrund ihrer Adresse wird sie auch Kazinczy-Straßen-Synagoge genannt, und rund um das Gotteshaus finden sich viele jüdische Einrichtungen und Geschäfte. Die Synagoge wurde sehr schön restauriert und bietet mehr als 1000 Gläubigen Platz. *So–Do März–Okt. 10–18, sonst bis 16 Uhr, Fr April–Okt. 10–16, sonst bis 13 Uhr | Eintritt 1000 Ft. | Kazinczy utca 29–31 | U-Bahn 2 Astoria | Straßenbahn 47, 47B, 48, 49 | VII. Bezirk | 30 Min. | e9*

IX. BEZIRK

Der IX. Bezirk (Ferencváros/Franzstadt) hat ein Revival erlebt. Sein innerstädtischer Anziehungspunkt ist die Ráday utca mit ihren Cafés und Restaurants, Boutiquen, Bücher- und Musikshops.

Hierher zieht es die jungen und jung gebliebenen Budapester, denn die Ráday utca und ihre Umgebung halten einigermaßen erschwinglichen Wohnraum bereit. Am südlichen Rand des Bezirks (60 000 Ew.) steht ein Projekt vor der Vollendung, mit dem dieser Stadtteil seinen Ruf als neues kulturelles Zentrum der Hauptstadt untermauert: das Millenniumsviertel mit dem Nationaltheater und dem Palast der Künste. Der IX. Bezirk hat seine Schokoladenseiten, aber vor allem in den südlichen Wohnvierteln gibt es noch viel zu tun. Hunderte Häuser sind reif für den Abriss, rund 2500 stehen noch zur Renovierung an.

43 PALAST DER KÜNSTE (MŰVÉSZETEK PALOTÁJA)

Die moderne Architektur des Kunstpalasts mit seiner großen gläsernen Fassade ist beeindruckend. Solltest du es nicht zu einem Konzert in den Béla-Bartók-Konzertsaal im Inneren oder zu einer Ausstellung ins Ludwig Museum schaffen, geh am besten auf einen Entdeckungsspaziergang zu der Schneckenskulptur auf dem Vorplatz oder ein bisschen an der Donau entlang. *Komor Marcell utca 1 | mupa.hu/en | Straßenbahn 2, 24 Müpa-Nemzeti Színház | F14*

44 LUDWIG MUSEUM (LUDWIG MÚZEUM)

Du hast doch bestimmt schon immer davon geträumt, beim Spielen mit einem Kunstobjekt Stromschläge zu bekommen. Oder schaust du dir lieber postsowjetische Installationen an? Oder Fotoausstellungen über die Beatgeneration? Sicher ist: Im Ludwig Museum mit seinen ständig wechselnden, thematisch vielfältigen Ausstellungen ist es schwer, sich zu langweilen. Die Sammlung zeitgenössischer internationaler Kunst stammt von den Aachener Kunstsammlern Irene und Peter Ludwig. *Di–So 10–20 Uhr | Eintritt 3400 Ft., für einzelne Ausstellungen 1600 Ft. | Komor Marcell utca 1 | ludwigmuseum.hu/en | Straßenbahn 2, 24 Müpa-Nemzeti Színház | 2 Std. | F14*

45 HOLOCAUST-ERINNERUNGSZENTRUM (HOLOKAUSZT EMLÉKKÖZPONT)

Sehenswert ist schon die Architektur des Gebäudekomplexes, der aus der historischen Páva-Synagoge (die man zum Ende der Ausstellung hin ebenfalls besuchen kann) und einem von Glas dominierten neuen Flügel besteht. Drinnen wird ein dunkles Kapi-

tel Geschichte behandelt: der Holocaust in Ungarn. Im Frühjahr 1944, unter der Regierung des Reichsverwesers Miklós Horthy, wurden 440 000 Menschen nach Auschwitz deportiert. Die Deutschen und die Pfeilkreuzler (die ungarischen Nazis), die im Herbst 1944 an die Macht kamen, haben den Tod weiterer Zehntausender Menschen zu verantworten. Die Zahl der ermordeten ungarischen Juden und Roma wird auf über 600 000 geschätzt. Dunkelheit, das Licht in den Vitrinen, beklemmende Geräusche wie Schritte von KZ-Wächtern: Die Ausstellung ist ein Weg von der Finsternis zum lichten Kuppelraum der Synagoge und hinaus in den Tag. *Di–So 10–18 Uhr | Eintritt 2400 Ft. | Páva utca 39 | hdke.hu/en | U-Bahn 3 Corvin-negyed | Straßenbahn 4, 6 | 2 Std. | F12*

46 KUNSTGEWERBEMUSEUM (IPARMŰVÉSZETI MÚZEUM)

Die Ausstellungen waren bisher so lala, doch architektonisch hat das Kunstgewerbemuseum mächtig (Jugend-)Stil, das Dach mit seinen grünen Schindeln ist herrlich, und das Atrium im Eingangsbereich ist komplett in elegantem Weiß gehalten, mit orientalischen Details hier und da. Das Museum ist wegen Renovierung und Erweiterung geschlossen (Wiedereröffnung für 2025–26 geplant), von außen ist es dennoch wunderschön und definitiv eine Begutachtung wert. *Üllői út 33–37 | imm.hu | U-Bahn 3 Corvin-negyed | Straßenbahn 4, 6 | F11*

47 RÁDAY UTCA

Am Kálvin tér beginnt die verkehrsberuhigte Ráday utca, die mit ihren vie-

Oben der Himmel, unten die Donau – das junge Budapest liebt die Freiheitsbrücke

len Cafés und Restaurants zu einer beliebten Ausgehmeile wurde. *U-Bahn 3, 4 Kálvin tér | Straßenbahn 47, 48, 49 | e11*

48 FREIHEITSBRÜCKE (SZABADSÁG HÍD)

Sobald es abends Draußensitzwetter gibt, lautet das Motto für das junge Budapest: „Treffen wir uns auf der Brücke!" In der Mitte auf beiden Seiten der grünen *szabi-híd,* wie die Budapester sie liebevoll nennen, ist die Metallkonstruktion so weit abgesenkt, dass man sich mit etwas Schwung locker daraufsetzen kann – ideal, um bei Bier oder Limonade den wunderschönen Donau-Ausblick zu genießen. Die Brücke wird im Sommer immer wieder am Wochenende für den Auto- und Straßenbahnverkehr gesperrt. Dann nehmen Picknicker, Akrobaten, Longboarder und Hängemattenfans die Brücke ein, und es stehen sogar Yoga, Livemusik und Filmvorführungen auf dem Programm *(Facebook: szabihid).* So fühlt sich Freiheit an! *d11*

AUSSERDEM SEHENSWERT

49 MEMENTO PARK

Wie geschrumpft fühlt man sich in diesem Skulpturenpark, der die aus der Stadt ausrangierten ideologischen Größen (Marx, Engels, Lenin) und andere Monumente des sozialistischen Realismus unter freiem Himmel ausstellt. Dazu gehört auch ein alter Trabant als beliebtes Fotomotiv. In einer Indoorausstellung gibt's weitere geschichtliche Infos. Ein bisschen ab vom Schuss, doch wer etwas für die Kuriositäten des Sozialismus übrig hat, ist hier genau richtig. Witzig: eine Trabi-Tour zum Memento Park *(mementopark.hu/en/information/trabant-transfer). Mai–Okt. tgl. 10–18, Nov.–April 10–16 Uhr | Eintritt 1800 Ft. | Ecke Balatoni út/Szabadkai utca | mementopark.hu/en | Bus 101B, 101E und 150 ab Bahnhof und Metrostation Kelenföld vasútállomás (Mo–Fr ca. alle 10, Sa/So alle 30 Minuten) | Tickets für ein Programm mit Führung gibt es im Bus | XXII. Bezirk | 1 ½ Std. | 0*

50 KIRÁLY-BAD (KIRÁLY FÜRDŐ)

Király bedeutet König – kein Wunder also, dass dieses Thermalbad trotz seiner Kompaktheit für viele Budapester das schönste ist. Der türkische Einfluss (1565 ließ es Pasa Arslan bauen) kommt hier besonders authentisch zur Geltung. Allerdings: Informier dich vor einem Besuch am besten auf der Website nach dem Stand der Dinge. Das Király-Bad wird nämlich seit 2019 komplett renoviert und erweitert. Bis die Bauarbeiten beendet sind, hat es geschlossen, ansonsten gilt: tgl. 7–21 Uhr. *Tageskarte mit Kabinenbenutzung Mo–Fr 2900 Ft., Sa/So 3100 Ft. | Fő utca 84 | en.kiralyfurdo.hu | Bus 109 Kacsa utca | Straßenbahn 19, 41 Bem József tér | II. Bezirk | B7*

51 TÜRBE DES GÜL BABA (GÜL BABA TÜRBEJE)

Für die Ungarn ist die Zeit der osmanischen Herrschaft noch immer ein

dunkles Kapitel ihrer Geschichte – und doch hat es aus heutiger Sicht auch schöne Früchte getragen, wie dieses prächtige Grabmal zu Ehren von Gül Baba. Der Bektashi-Derwisch kam mit der türkischen Armee nach Ungarn. Nach seinem Tod 1541 ernannte ihn Sultan Süleyman I. zum Schutzheiligen Budas.

Die 2018 komplett renovierte Türbe am Fuß des Rosenhügels ist die nördlichste Pilgerstätte im Islam, im Frühling und Sommer duftet es nach Rosen – ein Ort der Besinnung mit tollem Ausblick auf Parlament und Co. Am einfachsten ist der Weg von der Straßenbahnhaltestelle Margit híd budai hídfő: auf der Margit körút, der Margit utca und der Mecset utca, an deren Ende Treppen zur Türbe hochführen. Romantischer ist der Zugang von der Ecke Frankel Leó út/Török utca aus: Auf der stimmungsvollen Gül Baba utca geht's auf Pflastersteinen steil bergauf, Flipflops und Stilettos also besser im Hotel lassen. Das kleine *Museum (Eintritt frei)* vor Ort ist Di–So 10–18 Uhr geöffnet. *Mecset utca 14 | II. Bezirk | B6*

INSIDER-TIPP **Romantische Pilgerroute**

52 PÁLVÖLGYI-HÖHLE & SZEMLŐHEGYI-HÖHLE (PÁL-VÖLGYI BARLANG/ SZEMLŐ-HEGYI-BARLANG)

Ab in den Untergrund! Diese 800 m voneinander entfernt gelegenen Höhlen sind mit ihren Tropfstein- und Mineralienformationen ein Stück faszinierender Natur. In beiden ist es kalt (11 Grad), es empfiehlt sich, warme

Kleidung und feste Schuhe zu tragen. Die *Pálvölgyi-Höhle (Szépvölgyi út 162 | short.travel/bud25 | Bus 65 ab Kolosy tér bis Haltestelle Pál-völgyi cseppkő-barlang | 1 Std.)* ist mit 29 km das längste Höhlensystem der Stadt, 500 m sind mit Führung zu besichtigen (kein Zutritt für Kinder unter fünf Jahren und unter 115 cm Körpergröße). Leichter zu begehen, aber ebenfalls ausschließlich geführt, sind die 300 m in der *Szemlő-hegyi-Höhle (Pusztaszeri út 35 | short.travel/bud20 | Bus 29 ab Kolosy tér bis Haltestelle Szemlő-hegyi-barlang | 40 Min.). Führungen: Pálvölgyi-Höhle Di–So stündlich 10.15–16.15 Uhr, Szemlőhegyi-Höhle Mi–Mo stündlich 10–16 Uhr (ganzjährig) | Eintritt 2400 Ft., Kinder 1900 Ft., Kombiticket für beide Höhlen 3900 Ft., Kinder 3100 Ft. | II. Bezirk | 0*

AUSFLÜGE

53 SZENTENDRE

20 km / ca. 50 Min. ab Deák Ferenc tér (U-Bahn, Vorortbahn/HÉV)

Das zauberhafte Städtchen liegt nördlich von Budapest im Donauknie. Künstlerstadt – diesen Namen verdankt Szentendre den Kreativen, die Anfang des 20. Jhs. hierher zogen. Einen guten Einblick in die Geschichte der Künstlerkolonie und in das Werk der bedeutenden Künstlerfamilie Ferenczy gibt das *Ferenczy-Museum (Do–So 10–18 Uhr | Kossuth Lajos utca 5 | 1 Std.)* zwischen Bahnhof und Altstadt. Die sieben orthodoxen Kirchen des Orts wurden von serbischen Einwanderern errichtet, die vor den Türken geflüchtet waren. Charakteristisch

Gleich mal warm anziehen: In der Szemlőhegyi-Höhle ist es grottig-kühl

sind auch die schmalen Gassen und die eng aneinandergebauten Häuser. Auf dem *Hauptplatz (Fő tér)* siehst du ein wertvolles schmiedeeisernes *Pestkreuz* von 1752 und die 1752–54 erbaute *Blagovescenska-Kirche.* Nur wenige Schritte weiter zeigt das *Margit-Kovács-Museum (tgl. 10–18 Uhr | Vastagh György utca 1 | 30 Min.)* das Werk der berühmten Keramikkünstlerin. Der *Burghügel* bietet eine prima Aussicht. Dort steht auch die älteste Kirche Szentendres *(Római Katolikus Plébániatemplom). Kombiticket für alle Ausstellungen in Szentendre 1700 Ft. | muzeumicentrum.hu*

3 km nordwestlich des Orts liegt das Freilichtmuseum *Skanzen (April–Okt. Di–So 9–17 Uhr | Eintritt 2600 Ft., Familien: Erwachsene 2300 Ft., Kinder (6–18 Jahre) 1100 Ft. | Sztaravodai út 75 | skanzen.hu | 2 Std.).*

INSIDER-TIPP
Mal kurz durch Ungarn schlendern

Bequem durchspazierend kannst du die Volksarchitektur des Karpatenbeckens hautnah erleben: Es gibt verschiedene Siedlungen, drei Kirchen, eine Windmühle, eine historische Bummelbahn und vieles mehr zu sehen. *Vorortbahn/HÉV H5 (alle 40 Min. ab Batthyány ter), Kauf eines Ersatztickets (310 Ft.) erforderlich | auch Schiff ab Vigadó tér (short.travel/bud28) | 0*

54 BUDAER BERGE (BUDAI-HEGYSÉG)

10 km / ca. 40 Min. ab Deák Ferenc tér bis Széchenyi-hegy (U-Bahn, Straßenbahn, Zahnradbahn)

Direkt aus der Stadt geht es in die Berge! Die *Zahnradbahn (Fogaskerekű-vasút)* von 1874 fährt in einer knappen halben Stunde hinauf auf den *Széchenyi-hegy.* Wer es sportlich liebt, gelangt zu Fuß in ca. einer Dreiviertelstunde zum *János-hegy* (527 m), dem höchsten Punkt der Budaer Berge: an der Kindereisenbahn (s. unten) entlang zur Haltestelle Normafa, von dort über die Eötvös út und die Jánoshegyi út bis zur Bergstation des *Sessellifts (Libegő).* Den János-hegy schmückt der steinerne *Elisabethturm* – an klaren Tagen kann man ca. 80 km weit blicken.

Wenn du nicht komplett hierher laufen möchtest, fahr von der Zahnradbahn-Endstation mit der *Kindereisenbahn (Gyermekvasút) (Mai–Aug. tgl. 9–19, Sept.–April Di–So 9–17 Uhr | einfache Fahrt 800 Ft., Kinder 400 Ft. | gyermekvasut.hu/en)* weiter und steig an der Haltestelle János-hegy aus. Von dort führt ein Wanderweg bergan (ca. 20 Min.). Auf den János-hegy fährt vom Stadtteil Zugliget auch der Sessellift in 15 Minuten.

Nahe der Talstation liegen der attraktive Campingplatz *Ave Natura Camping (campingavenatura.hu/de)* und ein für Deutsche bedeutsamer Ort: Imre Kozma, Pfarrer und damaliger Chef in der Zentrale der Ungarischen Malteser, errichtete 1989 an der Szarvas Gábor út ein Auffanglager für Menschen, die aus der DDR geflüchtet waren.

Zahnradbahn (BKK-Linie 60) Mo–Sa 5–23, So 10–23 Uhr ab Talstation Városmajor am Szilágyi Erzsébet fasor, zu erreichen mit Tram 56, 59, 61 ab Széll Kálmán tér (zwei Stationen) | Talstation Sessellift: Zugligeti út, Bus 291 ab

Einfach bühnenreif: Schloss Gödöllő ist Ungarns größtes Barockpalais

Nyugati pályaudvar (fährt nicht über Széll Kálmán tér) | *0*

55 SCHLOSS GÖDÖLLŐ (GÖDÖLLŐI KIRÁLYI KASTÉLY)

27 km / ca. 1 Std. 10 Min. ab Deák Ferenc tér (U-Bahn, Vorortbahn/HÉV)

Die österreichische Kaiserin und ungarische Königin Elisabeth (Sisi) wohnte oft im östlich von Budapest gelegenen Gödöllő. Sie liebte dieses Schloss, das ihr und ihrem Mann Franz Joseph I. 1867 zur Verfügung gestellt wurde. Seine Geschichte begann, als Graf Antal Grassalkovich im 18. Jh. das Dorf Gödöllő zum Zentrum seiner Besitztümer machte. Mit dem Bau des Schlosses wurde um 1740 begonnen. Es ist die größte barocke Anlage in Ungarn. Heute ist Gödöllő eine Kleinstadt, das Schloss und seine Parkanlagen liegen mittendrin.

Im *Schlossmuseum (April–Okt. tgl. 10–18 Uhr, Nov.–Mitte Jan. und Feb.–März kürzer | Eintritt 3200 Ft., Familienkarte (2 Erwachsene und 3 Kinder) 7500 Ft. | kiralyikastely.hu | 1 Std.)* kannst du u. a. den 170 m² großen Prunksaal, Sisis Gemächer und das einzige ungarische Barocktheater besichtigen. Im Museumsshop sind Ausmalhefte erhältlich, mit denen sich Kinder z. B. bei einem Picknick im Park beschäftigen können. In Schloss Gödöllő finden auch Konzerte statt, im Parterre gibt es ein feines Café. *Vorortbahn/HÉV H8 ab Örs vezér tere (ca. 50 Min., Endstation der U-Bahn 2), in Gödöllő am Szabadság tér aussteigen | Kauf eines Ersatztickets (370 Ft.) erforderlich* | *0*

ESSEN & TRINKEN

Ein ungarisches Sprichwort sagt: „Am besten ist es, dann zu essen, wenn man Hunger hat.“ Davon solltest du ganz viel mitbringen nach Budapest!

Denn hier gibt es für jeden Geschmack appetitanregende Möglichkeiten, sich den Bauch vollzuschlagen – vom charmant-nostalgischen Kaffeehaus bis hin zum modernen Esstempel. Das Wort „Kaffeehaus“ ist übrigens nicht wörtlich zu nehmen. Fast alle Budapester Kaffeehäuser und Cafés sind zugleich Restaurants.

Paprikapulver: Ohne das rote Gewürz geht (fast) gar nichts

In Ungarn wird nach Herzenslust geschlemmt. Frittiertes, Schmalz, Sahne und Zucker – die typischen Mahlzeiten vom Frühstück bis zum Dessert sind voll davon. Viele Ungarn halten einen noch so reichhaltigen Salat immer noch nicht für ein vollwertiges Gericht und kommen bei keiner Mahlzeit ohne Fleisch aus. Hardcore-Karnivoren sei an dieser Stelle das Qualitätsfleisch der ungarischen Tierrassen Mangalica (Wollschwein) oder Szürkemarha (Graurind) empfohlen.

WO BUDAPEST ISST

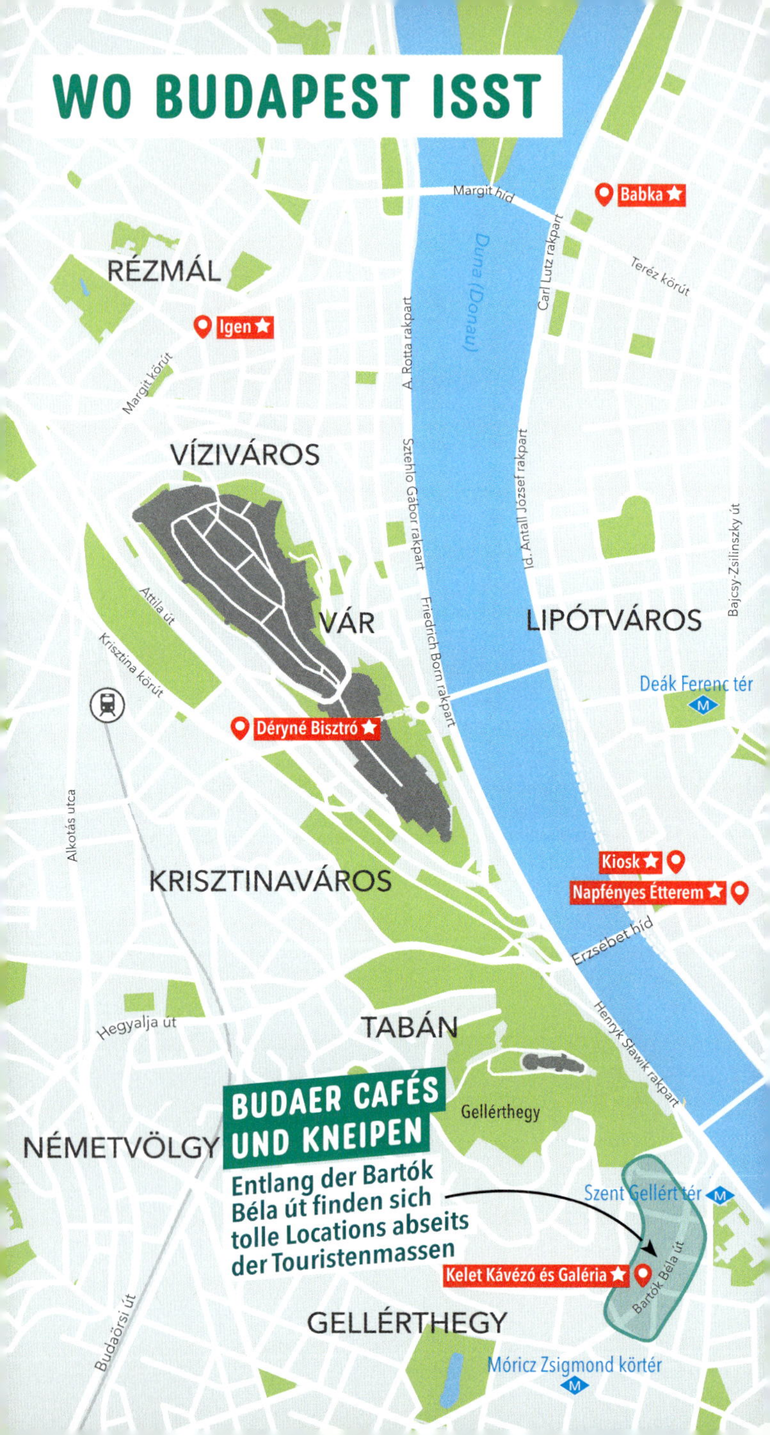

BUDAER CAFÉS UND KNEIPEN

Entlang der Bartók Béla út finden sich tolle Locations abseits der Touristenmassen

MARCO POLO HIGHLIGHTS

★ **KELET KÁVÉZÓ ÉS GALÉRIA**
Unprätentiös und gemütlich zu jeder Tageszeit ➤ S. 68

★ **NEW YORK KÁVÉHÁZ**
Legendär und atemberaubend opulent ➤ S. 68

★ **DÉRYNÉ BISZTRÓ**
Hier isst es sich lecker in schicker Umgebung ➤ S. 70

★ **KIOSK**
Design trifft raffinierte Gastroideen ➤ S. 70

★ **BABKA**
Jedes Gericht ein Treffer – und Cocktails, die süchtig machen ➤ S. 71

★ **DOBRUMBA**
Hier kriegst du Eurasien und Nahost auf den Teller ➤ S. 72

★ **IGEN**
Die beste Steinofenpizza Budapests in stylishem Ambiente ➤ S. 73

★ **BORS GASZTROBÁR**
Winziges, sympathisches Stehrestaurant mit Suppenfokus ➤ S. 75

★ **NAPFÉNYES ÉTTEREM**
Vegan und sooo lecker mit Riesenportionen ➤ S. 76

Ungarn sind stolz auf ihre kulinarischen Traditionen. Deshalb ist ungarisches Essen eigentlich immer ein guter Gesprächseinstieg. Lange war Budapest ausländischen Einflüssen gegenüber recht resistent, doch ein Wandel ist unübersehbar. Internationale Trends zeigen Wirkung, und auch ambitionierte ungarische Köche entdecken eine leichtere Variante der heimischen Küche. Und es gibt gerade in der Hauptstadt einen Trend zu gesünderem Essen. Immer mehr Restaurants spezialisieren sich auf Slow Food, Rohkost oder veganes Kochen, und es gibt vermehrt junge Budapester, die sich achtsamer ernähren, auf *No Waste* setzen oder so viel wie möglich auf dem Markt einkaufen.

Paprika spielt in der ungarischen Küche eine herausragende Rolle, in Pulverform wie auch als scharfe Paste (z. B. *erős pista*). Das Gewürz verleiht den Gerichten eine charakteristische, aber meist gemäßigte Würze. Sehr scharf sind nur einige der als Beilage oder im Salat servierten frischen Paprikaschoten oder eingelegte, mit Kraut gefüllte „Apfelpaprika" *(ecetes almapaprika)*.

Ungarischer Wein hat in den letzten zehn Jahren eine Verjüngungskur erfahren. Es gibt wieder mehr leidenschaftliche Winzer, die auch etwas von Marketing verstehen: Weinetiketten sind oft sehr stylish, z. B. beim 2018er Sauvignon Blanc von Skizo, bei der Cuvée „Bodrikutya" der Winzerei Bodri oder bei den Weinen von Dubicz, die sogar einen hochkarätigen Red Dot Design Award gewonnen haben. Typische und beliebte Sorten sind Kékfrankos (Blaufränkischer), Irsai Olivér, Kadarka oder der Süßwein Tokaj Aszú. Auch ungarisches Craft Beer ist auf dem Vormarsch und kann sich international immer mehr behaupten. Und verlass das Land bloß nicht, ohne den Kräuterlikör *Unicum* und Obstschnaps *(pálinka)* probiert zu haben!

KAFFEEHÄUSER & CAFÉS

1 ANJUNA ICE POPS

Ice-Pops mit Mango, Masala Chai-Schoko und Litschi-Rose, Caffè Latte mit Matcha, Açai Bowls und Raw Cake aus Kokosnuss und Himbeere: Klingt das nicht unheimlich lecker? Bei Anjuna gibt's diese und immer neue süße Eisspezialitäten zum Mitnehmen – zu 100 Prozent natürlich, ohne Zusätze, obendrein vegan sowie gluten- und laktosefrei. *Tgl. | Sas utca 7 | anjunapops.com | U-Bahn 3 Arany János utca | V. Bezirk | d9 | Filialen: Lövőház utca 24 | Straßenbahn 4, 6, 17, 19 Széna tér | II. Bezirk | A7; Pozsonyi út 5 | Straßenbahn 2, 4, 6 Jászai Mari tér | XIII. Bezirk | C6*

2 AUGUSZT

Das wird garantiert ein Zuckerschlecken: Die Traditionskonditorei Auguszt ist seit 1870 für feine Kuchenkreationen in Budapest bekannt. Mehrere Filialen wurden während des Zweiten Weltkriegs teils komplett zerstört. Heute sind die Filialen renoviert, aber die alte Atmosphäre – Bistrotische, Kronleuchter und über Kaffee und Kuchen plaudernde Omis und Opis – ging zum Glück nicht verloren. *So/Mo geschl. | Kossuth Lajos utca 14–16 | auguszt.hu | U-Bahn 3 Ferenciek*

Im Centrál Kávéház kann man für einen Augenblick glamourös aus der Zeit fallen

tere | *V. Bezirk* | *🕮 d10* | *Filialen: Fény utca 8 | U-Bahn 2 Széll Kálmán tér | II. Bezirk | 🕮 A7; Sasadi út 190 (Mo/Di geschl.) | Straßenbahn 59 oder Bus 8E Márton Áron tér | XI. Bezirk | 🕮 0*

3 CENTRÁL KÁVÉHÁZ

Wie im Film: Das bis 1887 zurückdatierende Kaffeehaus strotzt einfach nur so vor Prestige und Eleganz. Schwarz-Weiß-Bilder an den Wänden zollen den Intellektuellen und Schauspielern, die früher hier ein- und ausgingen, immer noch Respekt, darunter dem Poeten Endre Ady. Tipp: Bestell dir einen „Pester Kaffee" (*pesti kávé*, eine Spezialität des Hauses) und eine Quarkschnitte mit Aprikosenmarmelade *(Rákóczi túrós)*, während du im Reiseführer weiterschmökerst. *Tgl. | Károlyi Mihály utca 9 | centralkavehaz.hu | U-Bahn 3 Ferenciek tere | V. Bezirk | 🕮 d10*

SIDER-TIPP
Kaffee trinken wie die Poeten

4 CSÉSZÉNYI KÁVÉZÓ ÉS PÖRKÖLŐ

Das Csészényi in Buda haben viele nicht auf dem Schirm, dabei ist es ein zwar kleines, aber gleichzeitig ausgesprochen gemütliches Café mit leckeren Kaffee- und Kuchenspezialitäten (allesamt frisch und ohne Zusätze gebacken). An einer Wand hängen Dutzende Kaffeemühlen, und die älteren Leute aus der Gegend kommen gern zum Zeitunglesen her. Wohlfühlen garantiert! *Tgl. | Krisztina körút 34 | cseszenyi.hu | Straßenbahn 17, 19, 41, 56 Krisztina tér | Bus 105 | I. Bezirk | 🕮 a9*

Umwerfend prächtig: New York Kávéház

5 GERBEAUD

INSIDER-TIPP
Werde Quarktaschenfan!

Ja, das Gerbeaud ist überteuert. Aber allein für die Quarktaschen hier lohnt es sich, die Kreditkarte zu überziehen. Der französische Konditor und Chocolatier Emil Gerbeaud übernahm das Kaffeehaus 1884 von seinem ungarischen Kollegen. Interieur und Exterieur lassen einen nostalgisch werden, und sogar die zauberhaften Bedienungen haben etwas von der alten Schule. Kein Wunder, werden hier doch 15 Prozent Trinkgeld automatisch auf die Rechnung geschrieben. *Tgl. | Vörösmarty tér 7–8 | gerbeaud.hu | U-Bahn 1 Vörösmarty tér | V. Bezirk | ⊞ d9*

6 JEDERMANN

Erfrischend entspannt und trotzdem niveauvoll ist das Jedermann, der kleine Gastrobruder des benachbarten Goethe-Instituts. Der Betreiber Hans van Vliet ist Hobbyjazzer und bietet abends öfter Livejazz und -folk an. Mittags seien dir die günstigen, leckeren Menüs ans Herz gelegt. Hinten gibt es einen kleinen, versteckten Innenhof, in dem es sich im Sommer sehr gut essen und trinken lässt. *Tgl. | Ráday utca 58 | jedermann.hu | Straßenbahn 2, 4, 6 Boráros tér | IX. Bezirk | ⊞ E12*

INSIDER-TIPP
Im Verborgenen isst es sich besser

7 KELET KÁVÉZÓ ÉS GALÉRIA ★

Ein Café der jüngeren Generation, das trotzdem einen Charme und eine Gemütlichkeit hat, die man sich bei manch teuren, berühmten Kaffeehäusern wünschen würde. Gleichzeitig ist es richtig multifunktional: In den Bücherregalen an der Wand reiht sich alles zum Schmökern (hier und da auch auf Englisch oder Deutsch), es gibt Frühstück, Hauptmahlzeiten, Kaffee, Kuchen und Bier. Regelmäßig Kulturveranstaltungen, ab und an auch auf Englisch. *Tgl. | Bartók Béla út 29 | Facebook: keletkavezo | Straßenbahn 17, 19, 41, 47, 48, 49, 56, 56A Gárdonyi tér | XI. Bezirk | ⊞ D12*

8 NEW YORK KÁVÉHÁZ ★ ⚑

Vor dem „schönsten Kaffeehaus der Welt", wie es sich selbst nennt, hat man fast etwas Ehrfurcht. Die neobarocke Pracht ist atemberaubend. Andere Kaffeehäuser sind gemütlicher, aber es ist ein Ereignis, einen Kaffee in diesem stilvollen Rahmen zu trinken oder sich hier ein Stück Kuchen oder einen Fruchtshake schmecken zu las-

Unsere Empfehlung heute

Vorspeisen

PADLIZSÁNKRÉM
Auberginencreme mit Brotfladen und frischem Gemüse

VELŐS PIRÍTÓS
Toastbrot mit Knochenmark

Suppen

GULYÁSLEVES
Gulaschsuppe

SZEGEDI HALÁSZLÉ
Fischsuppe auf Szegediner Art

FOKHAGYMALEVES
Cremige Knoblauchsuppe mit Croûtons

Hauptgerichte

VÖRÖSBOROS MARHAPÖRKÖLT SZTRAPACSKÁVAL
Rotweinpörkölt (etwas zwischen Eintopf und Gulasch) vom Rind mit Kartoffelspätzle

PAPRIKÁS CSIRKE GALUSKÁVAL
Paprikahuhn mit Eierspätzle

VEGETÁRIÁNUS TÁL
Vegetarische frittierte Platte mit Käse, Blumenkohl, Pilzköpfen und Zucchini, mit Pommes frites oder Reis

TEJFÖLÖS UBROKASALÁTA
Salat aus eingelegten Gurken mit saurer Sahne

VEGYES SAVANYÚSÁGOK
Auswahl an Sauergemüse (Weißkohl, Paprika, Gurken)

Desserts

SOMLÓI GALUSKA
„Schomlauer Nockerln", Biskuitkuchen mit Schokosauce und Schlagsahne

GUNDEL PALACSINTA
Palatschinken (Eierkuchen) nach Gundel-Art – mit Walnüssen, Schokosauce und Schlagsahne

GESZTENYEPÜRÉ
Maronenpüree mit Schlagsahne

Getränke

HÁZI LIMONÁDÉ
Hausgemachte Zitronenlimonade

SZÖRPÖK
Fruchtsirupschorle: Himbeere *(málna)*, Holunder *(bodza)* oder Hagebutte *(csipkebogyó)*

PÁLINKA
Obstschnaps (Aprikose, Pflaume oder Birne)

sen. *Tgl. | Erzsébet körút 9–11 | new yorkcafe.hu | U-Bahn 2 Blaha Lujza tér | Straßenbahn 4, 6 | VII. Bezirk | F9*

RESTAURANTS €€€

9 COSTES DOWNTOWN

Sterneküche in lockerer Atmosphäre? Ja, das geht! Das Motto hier lautet Fine-Dining mit Bistrocharakter. Frühstück, Mittag- und Abendessen werden in der offenen Küche zubereitet, und man speist neben zeitgenössischen Kunstwerken. Großer Bruder ist übrigens das Costes in der Ráday utca – das erste Restaurant Budapests, das einen Michelinstern bekam. *So/Mo geschl. | Vigyázó Ferenc utca 5 | Tel. 1 920 10 15 | costesdowntown.hu | Straßenbahn 2 Széchenyi István tér | V. Bezirk | C9*

10 DÉRYNÉ BISZTRÓ ★

Design, Gerichte, Service – hier geht es anspruchsvoll und geschmackssicher zu, ohne in Elitismus abzudriften. Die Speisekarte ist klein, aber fein, und sonntags gibt es zwischen 9 und 16 Uhr einen großartigen Brunch. PS: Vor dem Restaurant steht eine schnuckelige Bude, in der das himmlische selbst gebackene Déryné-Brot verkauft wird. Einfach mal probieren! *Tgl. | Krisztina tér 3 | Tel. 1 225 14 07 | bistroderyne.com | Straßenbahn 17, 19, 41, 56 Krisztina tér | Bus 105 | I. Bezirk | a9*

INSIDER-TIPP
Schnapp dir Backwaren zum Mitnehmen

11 ÉS BISZTRÓ

Statt „entweder – oder" heißt es hier „und" *(és)*. Denn das És ist Steakhouse und Luxusrestaurant, Bierlokal und Weinbar, atmosphärisch entspannt und absolut hochwertig zugleich. Für ein besonderes Steakerlebnis frag am besten nach dem *Hay Steak* – österreichisches Rindfleisch, das drei Wochen lang in Heu und Kräutern paniert gelagert wird. Ein Genuss für Augen und Gaumen! *Tgl. | Deák Ferenc utca 12–14 | Tel. 1 429 39 90 | esbisztro.hu | U-Bahn 1, 2, 3 Deák Ferenc tér | Straßenbahn 47, 48, 49 | V. Bezirk | d9*

12 KIOSK ★

Der Inhouse-Konditoreibetrieb und das hausgemachte Eis sind nur zwei von vielen Gründen, hier vorbeizuschauen. Neben dem Schlemmen gibt's hier nämlich tatsächlich viel zu schauen, vorausgesetzt, du stehst auf Design. Die Speisekarte ist in Klassiker und ungarische Gerichte aufgeteilt, es lohnt sich aber auch, sich das Cocktailangebot zu Gemüte zu führen. Netter Ausblick von der großen Terrasse draußen. Reservierung auch online. *Tgl. | Március 15. tér 4 | Tel. 70 311 19 69 | kiosk-budapest.hu | Straßenbahn 2 Március 15. tér | U-Bahn 3 Ferenciek tere | V. Bezirk | d10*

13 MÁK BISTRO

Das Mák-Team will Spitzengastronomie von Äußerlichkeiten befreien und für jedermann spaßig gestalten. *Clean Eating* ist den Köchen dabei genauso wichtig wie Genuss und die Freude am Essen. Auf der Speisekarte steht auch immer ein Gericht mit Mohn *(mák)*. Zur Info: Für den Service werden 12,5 Prozent auf die Endsumme berechnet. Tischreservierung online möglich. *So/*

Sternebistro oder Kunstküche? Im Costes Downtown geht's entspannt und stilvoll zu

Mo geschl. | Vigyázó Ferenc utca 4 | Tel. 30 7 23 93 83 | mak.hu | Straßenbahn 2 Széchenyi István tér | V. Bezirk | ◫ c9

14 STAND RESTAURANT

Im Stand kocht ein Team aus jungen, progressiven Köchen ungarische und Fusionküche – das Ergebnis kann sich auf den Tellern sehen und schmecken lassen. Und ist sogar ausgezeichnet: Den ersten Michelin-Stern gewann das Stand 2019 gerade einmal neun Monate nach Eröffnung. Einlass bis 20 Uhr. *So/Mo geschl. | Székely Mihály utca 2 | Tel. 30 7 85 91 39 | standrestaurant.hu | U-Bahn 1 Opera | VI. Bezirk | ◫ e9*

15 TOKIO

Sushi, Pad Thai und schwarzes Sesameis: Fans von asiatischer Fusionküche, die kulinarische Authentizität gern mit stylishem Ambiente verbinden, finden im Tokio ihr Glück. Dabei verleihen die Köche jedem Gericht ein kleines Extra. Doch auch wer eine Überleitung vom Abendessen ins Nachtleben sucht, ist hier richtig. Die Sake-Auswahl ist beeindruckend. Reservierung auf der Website möglich. *Tgl. | Széchenyi István tér 7–8 | Tel. 70 3 33 21 76 | tokiobudapest.com | Straßenbahn 2 Széchenyi István tér | V. Bezirk | ◫ c9*

RESTAURANTS €€

16 BABKA ★

Das Babka ist hübsch eingerichtet und gemütlich, im Sommer kann man sich auf die Terrasse setzen und dem Kommen und Gehen auf der Pozsonyi út zusehen. Und hier gibt es das, was am wichtigsten ist, wenn's um Gastro geht: gutes Essen. Die Küche ist jüdisch-nahöstlich inspiriert, mit einem Hauch ungarischen Feelings. Dazu gibt es leckere Cocktails und eine freundliche, professionelle Weinberatung – so macht das Spaß. Reservieren ist Pflicht. *Di/Mi mittags geschl. | Pozsonyi út 3 | Tel. 1 7 98 96 72 | Facebook: babkabudapest | Straßenbahn 2, 4, 6 Jászai Mari tér | XIII. Bezirk | C6*

17 DOBRUMBA ★

Auf ein Restaurant wie das Dobrumba hat Budapest lange gewartet: Es ist jung und hip und bringt eine schmackhafte Palette von Gerichten zwischen nahöstlicher und mediterraner Küche auf den Tisch. Fans von Couscous und Lamm hereinspaziert! Unbedingt reservieren (online möglich). *Tgl. | Dob utca 5 | Tel. 30 1 94 00 49 | dobrumba.hu | U-Bahn 2 Astoria | Straßenbahn 47, 48, 49 | VII. Bezirk | e9*

18 FAUSTO'S

Das feine Restaurant in unmittelbarer Nähe der Synagoge in der Dohány utca ist ein Garant für gute mediterrane Küche. Besitzer Fausto di Vora ist seit mehr als 20 Jahren in Budapest gastronomisch tätig. Er bietet nun ein formelleres Restaurant und eine relaxte Osteria. *So/Mo geschl. | Dohány utca 5 | Tel. 30 5 89 18 13 | fausto.hu | U-Bahn 2 Astoria | Straßenbahn 47, 48, 49 | VII. Bezirk | e10*

19 FRANZISKA

Frühstück, Brunch, Mittagessen, Kaffee, Kuchen. Hier ist selbst ein Happen zwischendurch ein richtig nettes Erlebnis. Nicht nur ist das Interieur ein Traum, auch die Bedienung ist aufmerksam und das Essen lecker. Besitzerin Franciska Horváth legt Wert auf saisonale und gesunde Zutaten und hat dabei immer die aktuellen Trends wie Smoothies und Bowls im Auge. *Mo geschl. | Iskola utca 29 | franziska.hu | U-Bahn 2 Batthyány tér | Straßenbahn 19, 41 | I. Bezirk | b8*

20 GERLÓCZY

Ein Hauch von Paris in Budapest – das Gerlóczy ist ein freundliches Caférestaurant mit wunderbarer Terrasse auf einem kleinen Platz im Stadtzentrum. Schon zum Frühstück lohnt der Weg, und abends speist es sich unter den bunten Lampions sehr angenehm. In den oberen Etagen werden außerdem komfortable Zimmer vermietet. *Tgl. | Gerlóczy utca 1 | Tel. 1 5 01 40 00 | gerloczy.hu | U-Bahn 2 Astoria | Straßenbahn 47, 48, 49 | V. Bezirk | d10*

21 GETTÓ GULYÁS

Der Name klingt ja fast schon etwas protzig, aber keine Angst, das Gettó Gulyás ist eigentlich total nett. An den Wänden hängen alte ungarische Bilder, und die Wände selbst sind teils mit durchsichtigem Wellplastik verkleidet, hinter das Stroh gestopft wurde. Doch zum Essen: Die Gerichte werden allesamt nach klassischem Rezept gekocht und neu interpretiert angeboten. Das Restaurant hat sich – wie der Name schon sagt – auf Gulasch spezialisiert, außerdem auf Eintöpfe und *pörkölt*

INSIDER-TIPP
Landesküche mit Update

Das Caférestaurant Gerlóczy mit seiner einladenden Terrasse liegt mitten in der Stadt

(etwas zwischen Eintopf und Gulasch). Viele vegetarische Optionen. *Tgl. | Wesselényi utca 18 | Tel. 20 3 76 44 80 | Facebook: gettogulyas | U-Bahn 2 Astoria | Straßenbahn 47, 48, 49 | VII. Bezirk | e9*

22 IGEN ★

„Ja" *(igen)* zu Pizza! Besonders, wenn sie aus einem Steinofen kommt. In diesem Lokal auf der Buda-Seite gibt's Pizza auf süditalienische Art – krosser Rand, dünner Teig in der Mitte und satter Geschmack. Mehrere vegane und vegetarische Optionen, glutenfreie und Vollkornpizza sind ebenfalls erhältlich. Tipp: Bestell dazu doch mal einen Limoncello Spritz. *Tgl. | Margit körút 60 | Facebook: igenitalia | Straßenbahn 4, 6 Mechwart liget | II. Bezirk | A7*

23 KŐLEVES VENDÉGLŐ

Schon auf der Website erfährt man den Vibe des Kőleves: Die Grundzutaten – Nudeln, Brot, Marmelade und Saucen – werden selbst hergestellt, die Gerichte sind saisonal. Im zugehörigen stimmungsvollen Biergarten nebenan (nur im Sommer) gibt's auch Grillgerichte. Früher war das mitten im jüdischen Viertel gelegene Lokal ein koscherer Fleischbetrieb, und auch heute wird hier ohne Schweinefleisch gekocht. *So geschl. | Kazinczy utca 41 | Tel. 20 2 13 59 99 | kolevesvendeglo.hu | U-Bahn 2 Astoria | Straßenbahn 47, 48, 49 | VII. Bezirk | e9*

24 KÖNYVBÁR

Hier werden Bücher gekocht, und du kannst deinen Lieblingsfilm verspei-

Deko retro, Palatschinken lecker: im Menza am Szeneplatz Liszt Ferenc tér

sen. Glaubst du nicht? Dann schau in die Karte: Von Stefan Zweigs „Schachnovelle" bis zu Harry Potter wurde hier schon alles serviert. Die Küche ist international, das Restaurant hell und gemütlich. Ein Muss für Fans von Literatur und Leinwand! *So geschl. | Dob utca 45 | Tel. 20 9 22 70 27 | konyvbar.hu | Straßenbahn 4, 6 Király utca | VII. Bezirk | 🕮 e9*

25 MENZA

Im angesagten Stil der 1970er- und 1980er-Jahre. Auf der Speisekarte stehen viele Suppen und Salate sowie Hauptgerichte von Penne über *lángos* bis zu Ente und Gänseleber. Klasse sind die mit Vanillesauce und Eischnee überbackenen Palatschinken mit Quark. Es gibt auch günstige Tagesmenüs. *Tgl. | Liszt Ferenc tér 2 | Tel. 30 1 45 42 42 | menzaetterem.hu | U-Bahn 1 Oktogon | VI. Bezirk | 🕮 E8*

26 SPINOZA

Mitten im jüdischen Viertel bietet das Spinoza eine gelungene Mischung aus bodenständigem Restaurant, stilvollem Café und Veranstaltungsort für Klezmer-Abende (freitags ab 19 Uhr). Abends gibt es auch regelmäßig Klavierbegleitung. *Di/Mi geschl. | Dob utca 15 | Tel. 1 4 12 74 88 | Facebook: spinozarestaurant | U-Bahn 1, 2, 3 Deák Ferenc tér | Straßenbahn 47, 48, 49 | VII. Bezirk | 🕮 e9*

27 STÉG

Du hast eine Schwäche für Fisch? Oder einfach nur Lust auf *halászlé* (Fischsuppe)? Dann ab ins Stég! In diesem kleinen, geschmackssicher eingerich-

INSIDER-TIPP
So geht Fisch auf Ungarisch

teten Restaurant gibt es u.a. Klassiker wie Fish 'n' Chips. Am besten aber, du bestellst *keszeg*, eine Karpfenart und ungarische Spezialität. Dazu kannst du ungarische Weine ordern, eine Empfehlung sind die Keltereien Sauska und Dúzsi Tamás. Einer in der Gruppe ist Antipescetarier? Dann kriegt er eben *lángos*. Unter der Woche mit Tagesmenü. *Tgl. | im Gozsdu-Hof | Dob utca 16 | Tel. 1 878 13 28 | stegfood.hu | U-Bahn 1, 2, 3 Deák Ferenc tér | Straßenbahn 47, 48, 49 | VII. Bezirk | ◫ e9*

RESTAURANTS €

28 BÉLA

Zusammengewürfelt, aber mit Konzept. Gemütlich, aber modern. Ob Kaffee und Snack oder Bier und gehaltvolles Abendessen: Das Béla eignet sich für verschiedene Stimmungen und Anlässe. Man kann im niedlich verwinkelten Innenraum oder draußen auf der Terrasse sitzen. *Tgl. | Bartók Béla út 23 | Tel. 70 5 90 79 74 | belabudapest.com | Straßenbahn 17, 19, 41, 47, 48, 49, 56 Gárdonyi tér | XI. Bezirk | ◫ D12*

29 BORS GASZTROBÁR ★

„Der Pfeffer ist klein, aber scharf", heißt es in Ungarn, sprich: Unterschätz nie das Unscheinbare. Dazu zählt auch diese Mischung aus Streetfoodlokal und Bistro. Die beiden Köche György Rethling und Tamás Lipher kreieren Suppen zum Mitnehmen, Grillbaguettes mit Gourmetfaktor und innovative Pastagerichte. Dazu kommen leckere Säfte und Desserts, eine im Interieur offensichtliche „Star Wars"-Leidenschaft und eine hörbare Liebe zu Rapmusik. Winzig klein und richtig sympathisch! *Tgl. | Kazinczy utca 10 | Tel. 30 6 98 90 75 | Facebook: BorsGasztroBar | U-Bahn 2 Astoria | Straßenbahn 47, 48, 49 | VII. Bezirk | ◫ e9*

INSIDER-TIPP
Statt Kaffee mal Suppe to go

30 FRICI PAPA KIFŐZDÉJE

Wenn du Lust auf herzhafte ungarische, günstige Gerichte und kein Problem mit einem etwas erhöhten Fettgehalt hast, dann bist du in der „Garküche von Papa Frici" genau richtig – unter Budapestern ein legendärer Favorit. Auch Tagesgerichte. *So geschl. | Király utca 55 | fricipapa.hu | Straßenbahn 4, 6 Király utca/Erzsébet körút | VII. Bezirk | ◫ E8*

31 FRUCCOLA

Frische Obstsäfte und Salate, knusprige Croissants zum Frühstück und günstiges Mittagessen – das Fruccola setzt einen gesunden Kontrapunkt zu der oft schweren ungarischen Hausmannskost. Den Salat kannst du dir hier selbst zusammenstellen, daneben gibt's Tagesgerichte und Desserts. Ideal für Vegetarier und Veganer. *So geschl. | Arany János utca 32 | fruccola.hu | U-Bahn 3 Arany János utca | V. Bezirk | ◫ D8 | Filiale: MOM Park | Lisszabon sétány | Straßenbahn 17, 41, 61 Csörsz utca | XII. Bezirk | ◫ A10*

INSIDER-TIPP
Pflanzenfresser, aufgepasst!

32 HUMMUS BAR

Du schwärmst für Falafel und Hummus? Dann bist du in der Hummus Bar gut aufgehoben. Alles auch zum Mitnehmen. Besonders lecker ist das Shakshuka! Es gibt mehrere Filialen. *Tgl. | Nagymező utca 10 | Tel. 70 6 09 95 22 | hummusbar.hu | U-Bahn 1 Opera | VI. Bezirk | E8 | Filiale: Október 6. utca 19 | Tel. 70 3 80 18 59 | U-Bahn 3 Arany János utca | V. Bezirk | D8*

33 KABUL BÜFÉ

Original afghanische Speisen bekommt man in diesem kleinen, einfachen Bistro. Der Besitzer des Kabul ist ein freundlicher Herr mit Haarnetz, der dir gern die kleine, feine Essensauswahl in der Auslage erklärt. Es gibt immer auch ein vegetarisches Gericht. *So geschl., sonst 10–20 Uhr | Népszínház utca 27 | Facebook: kabulbufe | U-Bahn 2 Blaha Lujza tér | VIII. Bezirk | F10*

34 NAPFÉNYES ÉTTEREM ★

Napfény heißt Sonnenschein – und das ist dieses vegane Restaurant für alle, die gern mal rein pflanzlich schlemmen. Und bei den Riesenportionen hier werden auch leidenschaftliche Fleischesser satt. Die Küche ist ungarisch bis international, basiert auf Biozutaten und ist stets richtig lecker. Stell dir auch an der Salatbar Grünzeug nach deinem Geschmack zusammen. Super ist außerdem das Tagesmenü. Koffein- oder Alkoholhaltiges wird hier nicht serviert. *Tgl. | Ferenciek tere 2 | Tel. 20 3 11 03 13 | napfenyesetterem.hu | U-Bahn 3 Ferenciek tere | V. Bezirk | d10*

35 ORIENTAL SOUP HOUSE

Du wirst in Budapest viele asiatische, allen voran Chinarestaurants sehen – authentisch (oder gut) sind die meisten davon leider nicht. Wer ehrliche Gerichte aus Asien wie Pho und Dimsum mag, wird im OSH nicht nur satt,

FLEISCHLOS GLÜCKLICH

Gulasch geht auch tierlieb! In Budapest schießen vegane Restaurants wie Pilze aus dem Boden. Vor allem kannst du dich an frei von tierischen Zutaten hergestelltem Streetfood satt schlemmen, z.B. in den Foodtrucks von *Las Vegan's (Street Food Karavan | Kazinczy utca 18 | lasvegans.eu | VII. Bezirk | e9; Promenade neben dem Einkaufszentrum Allee | XI. Bezirk | C13)*, bei *Epoch Vegan Burger (Királyi Pál utca 20 | epochburger.hu | V. Bezirk | e11)* oder im *Vegan Love (Bartók Béla út 9 | veganlove.hu | XI. Bezirk | D12)*. Wenn du dich nicht entscheiden kannst, was du am liebsten zuerst futtern willst, dann schau am besten im *Vegan Garden (Király utca 8–10 | vegangardenbudapest.com | VII. Bezirk | d9)* vorbei. Erwarte aber nicht, dass man überall genau weiß, was vegan bedeutet – vor allem Ungarns ältere Generation hält „so ein bisschen Huhn oder Fisch" noch lange nicht für karnivor …

Von Stand zu Stand ins Futterglück: Street Food Karaván

sondern auch glücklich. Extrapunkt für den netten Service und das tolle Interieur. Gute vegetarische und vegane Optionen! Wenn's geht, solltest du aber vermeiden, oben auf der Galerie zu sitzen – dorthin steigt leider der ganze Dampf der offenen Küche hoch. Nur Barzahlung möglich. *Tgl. | Balzac utca 35 | Tel. 70 6 17 35 35 | Facebook: orientalsouphouse | Straßenbahn 2, 4, 6 Jászai Mari tér | XIII. Bezirk | D6*

36 STREET FOOD KARAVÁN

Lust auf Deftiges? Dann ab ins Street Food Karaván! Der mit weißem Kieselstein und Bierbänken gestaltete Innenhof beherbergt etwa ein Dutzend Foodtrucks. Von *lángos* über *kürtőskalács* und Hamburger bis zu gepflegtem Bier und hausgemachter Limonade ist hier alles angesagt, was satt und glücklich macht. *Tgl. | Kazinczy utca 18 | Facebook: streetfoodkaravan | U-Bahn 2 Astoria | VII. Bezirk | e9*

37 WHY NOT BISTRO

Hier wirst du satt und wirst dich wohlfühlen, so viel ist sicher! Das Bistro und das nur wenige Schritte weiter gelegene *Why not Cafe and Bar (Belgrád rakpart 3–4)* (regelmäßig Karaoke und Dragshows) sind – ohne das allzu stark nach außen zu kommunizieren – ein Ort, der offen für alle ist, auch und gerade für LGBTQ+-Menschen. Die Atmosphäre ist familiär, es gibt eine kleine Terrasse, und die Lage mit Blick auf die Freiheitsstatue auf dem Gellértberg ist genial. *Tgl. | Belgrád rakpart 18 | whynotbistro.hu | Straßenbahn 2 Március 15. tér | V. Bezirk | d11*

SHOPPEN & STÖBERN

Gute Nachrichten für alle Einkaufswahnsinnigen und Souvenirsüchtigen: In Budapest solltest du für die volle Dosis ungarischer Kultur auch mal shoppen gehen. Konventionelle Kette, individualistischer Künstlerladen oder Markt – das bleibt dir überlassen!

In der Fußgängerzone Váci utca in Pest reiht sich Laden an Laden, von internationalen und heimischen Mode- und Beautymarken über Porzellan und Folklore bis zum klassisch-kitschigen Souvenirgeschäft. Der südliche Teil (Szabad sajtó út bis Fővám tér) ist ruhiger,

Alle Adressen in diesem Kapitel findest du auf der Faltkarte

Großer Bahnhof für Obst und Gemüse: die Zentrale Markthalle

dort kannst du kleinere Läden mit ungarischen Produkten entdecken. In der Király utca, einer Parallelstraße der Andrássy út, werden Möbel-, Deko- und Designfans fündig. Auf dem 4,5 km langen Großen Ring (Nagykörút) zwischen Margareten- und Petőfibrücke kann man z. B. in Stoffgeschäften mit Meterware schon mal nostalgisch werden. Leider verschwinden solche Läden aber immer mehr. Vor allem die jungen Budapester zieht es in die Shoppingcenter, wo man seine Forints in Klamotten, Fast Food, Fitness, Kino, also eigentlich jeden Schnickschnack stecken kann.

WO BUDAPEST SHOPPT

MARCO POLO HIGHLIGHTS

★ **MASSOLIT BOOKS & CAFÉ**
Für Bücherwürmer und Kaffeejunkies ein Muss ➤ S. 83

★ **FOLKART KÉZMŰVESHÁZ**
Volkskunst mitten im Stadtzentrum ➤ S. 85

★ **WAMP DESIGN MARKET**
Kunsthandwerk von Kleidung über Schmuck bis Geschirr ➤ S. 85

★ **ZENTRALE MARKTHALLE**
Paprika und Salami unter Stahl und Glas ➤ S. 85

★ **HUMANA VINTAGE BUTIK**
Gut sortierter Secondhandladen für Anspruchsvolle ➤ S. 86

★ **PREZENT**
Mitbringsel aus der Region und mit grünem Hintergedanken ➤ S. 87

★ **RETROCK**
Klamotten von cool bis crazy ➤ S. 88

★ **HERENDER PORZELLAN**
Ungarns feinstes Porzellan ➤ S. 88

★ **TISZA CIPŐ**
Bequem und stylish sind diese in Ungarn gefertigten Schuhe ➤ S. 89

★ **BORTÁRSASÁG**
Großartige Auswahl ungarischer Weine ➤ S. 89

Lehel utca
ÚJLIPÓTVÁROS
Carl Lutz rakpart
Teréz körút
Váci út
ANDRÁSSY ÚT
Schicke Designergeschäfte in der Prachtstraße
Andrássy út
Bortársaság
Oktogon
Bajcsy-Zsilinszky út
TERÉZVÁROS
Opera
LIPÓTVÁROS
Herender Porzellan
Bajcsy-Zsilinszky út
Herender Porzellan (József Nádor tér)
Massolit Books & Café
Retrock
Wamp Design Market
Vörösmarty tér
Humana Vintage Butik
Folkart Kézművesház
Tisza Cipő
JÜDISCHES VIERTEL
Hippes, Handgemachtes und Redesigntes von jungen Budapestern
Rákóczi út
Prezent
BELVÁROS
Duna (Donau)
Henryk Slawik rakpart
Üllői út
Gellérthegy
Zentrale Markthalle (Központi Vásárcsarnok)
400 m
437 yd

Ein Happen Ungarn als Souvenir? Gute Wahl! Die besten essbaren Souvenirs sind die gut gewürzte ungarische Salami oder Wurst *(szalámi, kolbász)*, Marzipan (z.B. von Szamos), Wein *(bor)*, Obstschnaps *(pálinka)* und Kräuterlikör (Unicum). Toll sind aber auch Keramik und Porzellan (Zsolnay, Herend oder kreative junge Designer wie Susu oder Rebu) und bestickte Tischdecken (besonders im Matyó-Stil). Junge Designer verpassen den traditionellen Mustern ihren eigenen Dreh, zu sehen beispielsweise im Laden *Fian Koncept* (s. S. 86). Der Renner ist außerdem Kleidung im lässigen Streetstyle von *BP Shop* (s. S. 86) – vor allem Shirts mit der Aufschrift „Buda fckn Pest" werden von jungen Ungarn und Touristen gleichermaßen stolz zur Schau getragen. Spannende, renommierte Antiquitätenläden und Galerien liegen vor allem in der Falk Miksa utca.

WOHIN ZUERST?

Ein Shoppingdorado ist die **Váci utca** *(🕮 d9–11)* mit ihren Nebenstraßen. Internationale Mode- und Schuhlabels sind präsent, aber auch kleine ungarische Läden. Am Vörösmarty tér liegen neue Einkaufszentren, nach rechts geht's in die kleine Deák Ferenc utca (Fashion Street). Was Budapest an internationalen Luxusmarken bietet, siehst du an der Prachtmeile **Andrássy út** *(🕮 D–F 7–9)*. Größter Einkaufstempel ist das **Westend City Center** *(🕮 D–E 6–7)*.

ANTIQUITÄTEN & GALERIEN

1 NAGYHÁZI

Ob Schmuck, Möbel, Teppiche, Porzellan oder Gemälde – in diesem familiengeführten Auktionshaus findet man immer tolle Schätze. Oft auch Rabattaktionen. *Balaton utca 8/Ecke Falk Miksa utca | nagyhazi.hu | Straßenbahn 2, 4, 6 Jászai Mari tér | V. Bezirk | 🕮 C7*

2 TABÁNI GARÁZSVÁSÁR

Nicht umsonst nennt sich dieser Antiquitätenladen „Garagenverkauf": Anders als in den feineren Antikgeschäften der Falk Miksa utca findest du zwischen den Regalen spazierend hier die Buntheit und Vielfalt eines Trödelmarkts. Der knuffige Hund Maci von Besitzer Zsolt Rédei liegt meist quer im Eingangsbereich – einfach drübersteigen! *Döbrentei utca 10 | Straßenbahn 19, 41 Várkert Bazár | I. Bezirk | 🕮 c10*

BÜCHER & MUSIK

3 BODRY

Früher hatte der VIII. Bezirk Budapests einen schlechten Ruf, doch Läden wie das Bodry sind der Beweis dafür, dass die Gegend mittlerweile sehr cool ist. Hier gibt es in erster Linie Schallplatten, alte und neue aus aller Welt, dazu die neuesten Kassetten ungarischer Punkbands, Undergroundzines und allerhand Handgemachtes junger Designer. Viel Spaß beim Stöbern! *Bródy Sándor utca 25 | Facebook: bodry.sandor | Straßenbahn 4, 6 Rákóczi tér | VIII. Bezirk | 🕮 F10*

4 COMICBÜCHEREI IM NEM ADOM FEL KÁVÉZÓ

2018 haben zwei junge Comicliebhaber, die auch an der Uni in diesem Bereich forschen, die Comicbücherei *(Képregénykönyvtár)* eröffnet. Der Katalog mit allen vorhandenen Comics (darunter viele englischsprachige) ist in einem Spreadsheet auf der Facebookseite verlinkt. Super ist aber auch der Ort des Geschehens: Das Café *Nem Adom Fel* (Ich gebe nicht auf) wurde von Menschen mit physischen und psychischen Behinderungen gegründet, und diese arbeiten auch hier. Also rundum eine tolle Initiative. *Magdolna utca 1 | Facebook: kepregenyko nyvtar | Straßenbahn 4, 6 Harminckettesek tere | VIII. Bezirk | G10*

INSIDER-TIPP
Comics und ein tolles Café

5 MASSOLIT BOOKS & CAFÉ ★

Kaffee, Gebäck und leichte Gerichte – und vor allem Bücher: ein Kulturcafé mit internationalem Flair, das einem schon beim Eintreten ans Herz wächst. Die Bücher sind alle fremdsprachig, die Zielgruppe ist offen und tolerant. Denn hier stehen statt Mainstreamthemen progressive Politik, Feminismus und Jewish Studies auf dem Programm. Es gibt einen schnuckeligen Gartenbereich und immer wieder Lesungen, Filmclubs und Akustikkonzerte. *Nagy Diófa utca 30 | Facebook: MassolitBudapest | U-Bahn 2 Blaha Lujza tér | VII. Bezirk | e9*

6 MÉDIA PONT A LEMEZBOLT

Dieser klitzekleine Secondhand-Plattenladen macht schon von draußen

Schick shoppen in der Andrássy út

auf sich aufmerksam: Er ist rot gestrichen, und alles ist voll mit Vinyldeko und Plattencovern. Nicht schüchtern sein, sondern reingehen! Meist grüßt dich drinnen der herrlich entspannte Besitzer István mit seinen drei Minihunden Csipi, Gizmo und Drazsé, die auch online regelmäßig mit Schallplatten posen. Im Plattenladen türmen sich Vinyl und CDs – von Nat King Cole über ungarische Märchenerzählungen bis zu Bananarama. Unbedingt hin, solang kein Hipstercafé draus wird! *Hollán Ernő utca 18 | Facebook: Média-Pont-a-lemezbolt | Straßenbahn 2, 4, 6 Jászai Mari tér | XIII. Bezirk | D6*

Etwas unpraktisch, so eine Melone – aber wie wär's mit Paprika als Souvenir?

EINKAUFS- & FREIZEITZENTREN

7 MOM PARK

Modernes Einkaufszentrum, in dem die Budaer mit besser bestücktem Portemonnaie shoppen gehen. Im Untergeschoss gibt es tolle Delikatessengeschäfte wie den Weinhandel Bortársaság. Im hübschen *Pink Cinema* im obersten Stock laufen die Filme oft ohne Synchronisierung. *Alkotás út 53/Ecke Csörsz utca | mompark.hu | Straßenbahn 17, 61 Csörsz utca | XII. Bezirk | ▯ A10*

INSIDER-TIPP
Mit und ohne Untertitel

8 WESTEND CITY CENTER

In diesem Konsumtempel gibt's zahllose Geschäfte von Fashion bis Technik. Zum Glück stehen überall Touchscreen-Monitore, die einem Auskunft darüber geben, wo man sich gerade befindet. Im Untergeschoss kannst du dir ein superleckeres Essen im indisch-pakistanischen Schnellrestaurant *Kohinoor* gönnen, und ganz oben, im *Cinema City*-Kino, laufen oft englischsprachige Filme. Auf der Dachterrasse kann man im Winter eislaufen. *Váci út 1–3 | beim Westbahnhof | westend.hu | U-Bahn 3 Nyugati pályaudvar | VI. Bezirk | ▯ D–E 6–7*

FOLKLORE

9 APACUKA CERAMICS

Für Judit Neuvirth und Gábor Födő, das Ehepaar hinter Apacuka, ist das Keramikstudio ein wahr gewordener Traum. Die beiden bieten Töpferworkshops an (auch auf Englisch), und im Laden kann man wunderhübsche, von ungarischen Folkloremustern und -formen inspirierte Keramiken kaufen. *Bajnok utca 30 | apacukaceramics.hu | U-Bahn 1 Kodály körönd | VI. Bezirk | E7*

10 FOLKART KÉZMŰVESHÁZ ★

Ob geschnitzt, gestickt oder gemalt: In diesem „Volkskunstgeschäft" in der Innenstadt findest du wunderschöne ungarische Muster, hochwertig auf Holz, Stoff und Keramik verarbeitet. *Régiposta utca 12 | folkartkezmuves haz.hu | U-Bahn 1 Vörösmarty tér | V. Bezirk | d10*

MÄRKTE & DELIKATESSEN

11 CULINARIS

Köstlichkeiten aus aller Welt gibt es in diesem Delikatessenshop. Wie wär's mit einem Picknick im benachbarten Olympi Park? Hier kannst du dich mit feinen Antipasti, Brötchen oder Käse ausrüsten. *Balassi Bálint utca 7 | culi naris.hu | Straßenbahn 2 Országház/látogatóközpont | V. Bezirk | C7 | Filiale: Perc utca 8 | Bus 9 Tímár utca | III. Bezirk | C3*

12 FÉNY UTCAI PIAC

Der Markt an der Fény utca lohnt sich wegen der typischen Marktatmosphäre und leckeren Spezialitäten. Freundliche alte Damen verkaufen Gartengemüse, es gibt Mangalica-Wurst, und der *lángos*-Stand im 1. Stock ist legendär

INSIDER-TIPP **Ungarisch snacken**

(auch wenn er vielleicht nicht so schön aussieht). Die Stände öffnen meist täglich um 6 Uhr und schließen gegen 14 Uhr. *Lövőház utca 12 | Straßenbahn 4, 6, 17, 19 Széna tér | II. Bezirk | A7*

13 WAMP DESIGN MARKET ★

Junge ungarische Designer, Ohrringe aus Knöpfen, Taschen aus Fahrradreifen, handbemaltes Geschirr, selbst genähte Krawatten und, und … Der Markt ist einzigartig, das Motto stets DIY und Upcycling. Termin ist meist der erste Sonntag des Monats: von April bis September im Burggarten-Basar, sonst indoor im Kultur- und Freizeitzentrum *Millenáris. wamp.hu/en | Várkert Bazár: Straßenbahn 19, 41 Várkert Bazár | V. Bezirk | c10 | Millenáris: Kis Rókus utca 16–20 | Straßenbahn 4, 6, 17, 19 Széna tér | II. Bezirk | A7*

14 ZENTRALE MARKTHALLE (KÖZPONTI VÁSÁRCSARNOK) ★

Den schönsten Blick auf die 150 m lange Markthalle mit ihren beiden Seitenschiffen hast du von einem der Querkorridore auf der oberen Etage. Entworfen wurde die zu ihrer Zeit ultramoderne Halle 1890 von Samu Pecz. Die Markthalle ist kein touristisches Gebilde, sondern eine der wichtigen Einkaufsquellen des Landes. Ob Obst, Gemüse, Fleisch, Fisch: Hier gibt's alles, was das Herz begehrt. Im 1. Stock bekommst du herzhafte oder süße *lángos* (z. B. mit saurer Sahne und Käse) – köstlich! Es werden auch Souvenirs angeboten; man sollte kräftig handeln. *Vámház körút 1–3 | U-Bahn 4 Fővám tér | Straßenbahn 2, 47, 47B, 48, 49 | IX. Bezirk | e11*

MODE & DESIGN

15 BP SHOP

Den Stolz auf ihre Heimatstadt Budapest bannen die Jungs hinter der Modemarke BP enorm lässig im Hip-Hop-Style auf T-Shirts, Caps, Hoodies und Schuhe. Es gibt regelmäßig neue Kollektionen mit tollen Teilen für alle Geschlechter – perfekt als cooles Souvenir. *Hercegprímás utca 6 (auch So geöffnet) | bpshop.hu | U-Bahn 1 Bajcsy-Zsilinszky út | V. Bezirk | d9*

INSIDER-TIPP
Unerwartet: ultracoole Souvenirs

16 DEÁK FERENC UTCA

Diese Straße wird auch „Fashion Street" genannt, denn hier hat sich eine Vielzahl großer Modemarken angesiedelt, von Hugo Boss und Prada bis Tommy Hilfiger und Dolce & Gabbana. *V. | Deák Ferenc utca | U-Bahn 1, 2, 3 Deák Ferenc tér | V. Bezirk | d9*

17 ÉKES KESZTYŰ

Klein, aber oho: Das ist der Laden „Schmuckvoller Handschuh". Handwerk wird hier wörtlich genommen, denn es handelt sich um eine Manufaktur für Hüte und Handschuhe, die in der dritten Generation von der Familie geführt wird. *Régiposta utca 14 | Facebook: ekeskesztyu | U-Bahn 1 Vörösmarty tér | V. Bezirk | d10*

18 HUMANA VINTAGE BUTIK ★

Wenn du Kleider von der Stange lieber meidest, doch ungern ewig nach außergewöhnlicher Mode kramst, dann wird dir dieser kompakte Laden gefal-

Umweltbewusst einkaufen – Design von T-Shirt bis Tasche gibt's bei Printa

len. Egal wie du deinen Style nennst – im Vintage-Ableger der Secondhand-Ladenkette Humana wirst du fündig. Aber Achtung: Zu Hause wird dich jeder fragen, wo du die einzigartige Schnäppchenklamotte gekauft hast. *Károly körút 8 | Facebook: humanavintagebutik | U-Bahn 2 Astoria | Straßenbahn 47, 49 | V. Bezirk | ▯ e10*

19 LOVEBUG VINTAGE

Bunt, vollgestopft und ein absolut liebenswerter Geheimtipp: ein Laden in einer alten Wohnung mit Sachen von Secondhand bis zu neuesten Trends. Um reinzukommen, muss man erst einmal draußen klingeln, drinnen geht es dann nach links. Coole Lederjacken, witzig bedruckte Shirts oder alte ungarische Schallplatten: Diese Vintage-Schatzkiste könnte man stundenlang durchforsten. Inhaberin Violetta Kertész sucht alles eigenhändig aus. *Margit körút 62, Türklingel 11 | instagram.com/lovebugvintagebudapest | Straßenbahn 4, 6, 17 Mechwart liget | II. Bezirk | ▯ A7*

INSIDER-TIPP
Ausgesuchte Schätze

20 MONO ART & DESIGN

Mono war einer der ersten Läden Budapests, in denen Mode von jungen ungarischen Designern verkauft wurde. Die Auswahl ist genial (auch für Männer) und wird ständig aktualisiert, und preislich ist für jeden etwas Erreichbares dabei. Interessante Stücke auch bei Schmuck und Accessoires! *Kossuth Lajos utca 12 | Facebook: monoartanddesign | U-Bahn 2 Astoria | Straßenbahn 47, 48, 49 | V. Bezirk | ▯ d10*

INSIDER-TIPP
Der Lieblingsschmuck liegt im Detail

21 NANUSHKA STORE & CAFÉ

Nanuska, so wurde Modedesignerin Szandra Sándor als kleines Mädchen genannt. Dass sie später eine Marke schaffen würde, die heute in Geschäften von New York bis Hongkong vertreten ist, hätte sie damals sicher nicht gedacht. Die Designs sind gleichzeitig hochaktuell und zeitlos, verspielt und minimalistisch. *Bécsi utca 3 | nanushka.com | U-Bahn 1 Vörösmarty tér | V. Bezirk | ▯ d9*

22 PREZENT ★

Wenn dir die Umwelt am Herzen liegt, du aber trotzdem gern shoppen gehst, dann sei dir dieser Laden empfohlen. Nachhaltigkeit wird hier groß geschrieben: Alle Produkte – von der Postkarte übers Kinderspielzeug bis zur Marmelade – stammen aus Ungarn, viele haben Bioqualität oder sind upgecycelt. Hier kann man mit gutem Gewissen tolle Souvenirs einkaufen. *Döbrentei utca 16 | Facebook: prezentbudapest | Straßenbahn 19, 41 Várkert Bazár | Bus 8E, 108E, 110, 112 Döbrentei tér | I. Bezirk | ▯ c10*

23 PRINTA

Ein Kreativzentrum für umweltbewusstes Design, Ausstellungen, Kunst- und Textildruck: Es gibt Mode wie T-Shirts, dazu Taschen, Lampenschirme und Schmuck von 17 Designern. Der Kaffee, den du im Café (So geschl.) trinken kannst, stammt aus einem Fair-Trade-Projekt. *Rumbach Sebestyén utca 10a | printa.hu | U-Bahn 1, 2, 3 Deák Ferenc tér | VII. Bezirk | d e9*

24 RETROCK ★

Nur wenige Meter vom Metroknotenpunkt Deák Ferenc tér findet sich in einer Seitengasse dieser angesagte Klamottenladen. Auf zwei Stockwerken kannst du dich hier austoben zwischen exzentrischen Kreationen junger ungarischer Modeschöpfer und Vintageteilen aus aller Welt. Große Auswahl auch für männliche Shopper. *Anker köz 2 | retrock.com | U-Bahn 1, 2, 3 Deák Ferenc tér | VI. Bezirk | d9*

25 SISKO STUDIO

Dieser Laden hat zwar nur donnerstags geöffnet (12–19 Uhr), aber dann lohnt sich der Besuch: Verkauft werden hier trendige und nachhaltige Kleidung und Accessoires von ungarischen Designern, eine Nagelkünstlerin lackiert einem die Fingernägel mit tollen Mustern, und sogar Tattoos werden gestochen. *Somogyi Béla utca 18 | studiosisko.com | U-Bahn 2, Straßenbahn 4, 6 Blaha Lujza tér | VIII. Bezirk | F10*

26 TIPTON/VINYLIZE

Re-Design für Fans von Vinyl: Bei Zachary Tipton, dem ungarisch-amerikanischen Gründer von Tipton Eyeworks, begann alles 1998 mit der Schallplattensammlung seines Vaters, die er in der Garage fand. Er fing an, daraus Brillenrahmen zu kreieren – das Ergebnis ist ausgesprochen cool, ein Muss für bebrillte Musikliebhaber. *Showroom: Erkel utca 6 | tiptonbudapest.com | U-Bahn 4 Kálvin ter | IX. Bezirk | e11*

PORZELLAN, KERAMIK & GLAS

27 AJKA KRISTÁLY

Böhmisches Kristall? Pah! Die Glaskunst aus dem westungarischen Ajka kann es locker mit der Konkurrenz aufnehmen. Die Stücke sind fein ausgearbeitet und überraschend unkitschig gestaltet. Dazu kommt die antike Einrichtung des Geschäfts mit kostbaren Holzschnitzereien. Und lass dich nicht beirren: Von außen ist der Laden ehrlich gesagt nicht sonderlich attraktiv. *Kossuth Lajos utca 10 | Facebook: ajka crystal | U-Bahn 2 Astoria | Straßenbahn 47, 48, 49 | V. Bezirk | d10*

28 HERENDER PORZELLAN ★

Porzellan ist langweilig. Was für alte Leute. Und so unnütz ... Falls du das denkst, besuch mal ein Geschäft mit Herender Porzellan. Die altehrwürdige Marke ist weltberühmt und hat es fast 200 Jahre lang geschafft, sich fit zu halten. Viele der modernen Designs können mit der Porzellangestaltung von damals problemlos mithalten. *József Nádor tér 10–11 | herend.com | U-Bahn 1 Vörösmarty tér | V. Bezirk | d9 | Filiale: Andrássy út 16 | U-Bahn 1 Opera | VI. Bezirk | D8*

29 ZSOLNAY

Edel! Die Porzellanmanufaktur aus dem südungarischen Pécs wurde nicht nur durch die bunten Dachziegel berühmt, die viele der prächtigen Gründerzeitbauten in Budapest zieren, sondern auch durch feines Porzellan. Zsolnay und der ungarische Jugendstil sind ebenfalls untrennbar miteinander verbunden. *József Nádor tér 12 | zsolnaybudapest.com | U-Bahn 1, 2, 3 Deák Ferenc tér | V. Bezirk | d9*

SCHUHE

30 TISZA CIPŐ ★

Diese Marke – benannt nach dem zweitgrößten Fluss Ungarns, der Theiß (Tisza) – aus der kommunistischen Ära hat es geschafft, zum Kult zu werden. Junge Ungarn entdecken die Retrosneakers mit dem stilisierten „T" als coole Alternative zu den gängigen Labels. Auch Sportswear für Männer und Frauen sowie Taschen und Rucksäcke. *Károly körút 1 | tiszacipo.com | U-Bahn 2 Astoria | Straßenbahn 47, 47B, 48, 49 | VII. Bezirk | e10*

31 VASS

Vass ist eine Institution. Die handgearbeiteten Schuhe aus dieser Traditionswerkstatt stehen der besten Londoner und Münchner Maßarbeit in nichts nach. Im Laden gibt es fertige Herren- und Damenschuhe – oder man lässt Maß nehmen für einen eigenen Leisten. *Haris köz 6 | vass-shoes.com | U-Bahn 3 Ferenciek tere | V. Bezirk | d10*

WEIN & PÁLINKA

32 BORTÁRSASÁG ★

Ungarn ist ein hervorragendes Weinland, von den sonnenverwöhnten Anbaugebieten im Süden bei Villány, Pécs und Szekszárd bis zu den berühmten Regionen um Tokaj und Eger im Norden. Die Weinhandelsgesellschaft Bortársaság ist in Budapest u. a. mit diesem sehr gut sortierten Laden präsent. *Vécsey utca 5 | Ecke Vértanúk tere | bortarsasag.hu | U-Bahn 2 Kossuth Lajos tér | Straßenbahn 2 | V. Bezirk | C8*

33 PÁLINKA-HAUS

Ungarische Edelobstbrände *(pálinka)* haben auf der besten europäischen Messe, der Destillata in Österreich, schon zahlreiche Medaillen gewonnen. Produkte der Topdestillerien findest du hier. *Rákóczi út 17 | magyarpalinkahaza.hu | U-Bahn 2 Astoria | Straßenbahn 47, 48, 49 | VIII. Bezirk | e10*

Feines Handwerk mit Tradition: elegante Schuhe von Vass

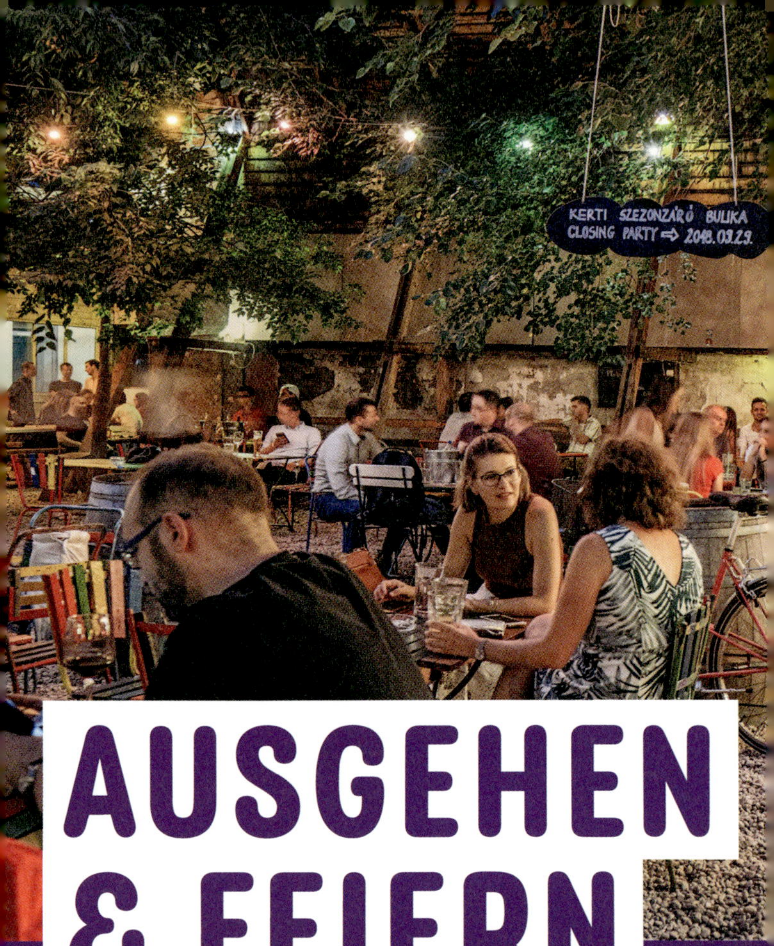

AUSGEHEN & FEIERN

Ob Partyboot, Rooftopbars oder Ruinenkneipen – keine Frage, in Budapester Nächten kann man sich bis in die Puppen austoben. Aber auch fernab ekstatischer Clubfeierei gibt's hier einiges zu entdecken.

„Budapest by Night" mag eine Phrase auf kitschigen Postkarten sein, doch die Abendstunden verleihen der Stadt wirklich etwas Magisches. Deshalb zieht es die Budapester nach Sonnenuntergang in Kneipen und Clubs oder zu einem Spaziergang auf die Straße. Sicher ist jedoch auch: Wer es weniger feuchtfröhlich und

Sommer in Budapest – dann wird draußen gefeiert, wie im Kőleves-Biergarten

laut mag, wird in Budapests Partygegend im jüdischen Viertel und der Ausgehstraße Nummer eins, Nagymező utca, vermutlich nicht glücklich. Selbstverständlich gibt's aber genug Alternativen. Ein Opernbesuch könnte auf dem Programm stehen, seinen festen Platz hat das Musical, und auch die gute alte Operette konnte sich in der Heimat von Franz Léhar und Imre (Emmerich) Kálmán erfolgreich behaupten.

Schlau macht man sich über Veranstaltungen vom Technoclub bis zur Oper am besten auf *welovebudapest.com.*

WO BUDAPEST AUSGEHT

MARCO POLO HIGHLIGHTS

★ **BAMBI ESZPRESSZÓ**
Bei Kaffee oder Fruchtsirup zurück in den Realsozialismus ➤ S. 94

★ **HINTALÓ ISZODA**
Craft Beer in lockerer, gemütlicher Atmosphäre ➤ S. 96

★ **SZIMPLA KERT**
In Budapests erster Ruinenkneipe ist immer was los ➤ S. 96

★ **MŰVÉSZ, PUSKIN, TOLDI**
Programmkinos mit dem gewissen Extra ➤ S. 97

★ **LISZT-FERENC-MUSIKAKADEMIE**
Harmonie von Baukunst und Musik ➤ S. 99

★ **OPER**
Großes Musiktheater ➤ S. 99, 44

★ **PALAST DER KÜNSTE**
Mit dem „Nationalen Konzertsaal Béla Bartók" eine Topadresse für klassische Musik ➤ S. 100

★ **A38**
Rock und Pop auf dem vor Anker liegenden Schiff ➤ S. 100

★ **BUDAPEST JAZZ CLUB**
Internationale Jazztalente, feines Gastroangebot ➤ S. 101

★ **DÜRER KERT**
Biergarten und Konzertlocation in einem ➤ S. 102

Es klingt schnulzig, ist aber wahr: Musik ist Balsam für die Seele. Und vor allem live vorgetragen wirkt sie oft tiefenentspannend. Es gibt viele talentierte ungarische Musiker, folgende seien dir besonders ans Herz gelegt: Veronika Harcsa *(harcsaveronika.hu)* hat an der Musikakademie Jazzgesang studiert, ihre Stimme ist außergewöhnlich vielfältig. Oft ist sie mit ihrer Band *Bin-Jip* unterwegs. Rozina Pátkai *(rozinapatkai.com)* wiederum hat italienische Wurzeln, singt auf ihrem Album „Vocé e Eu" aber Bossa nova auf Portugiesisch – Musik, die wunderbar beruhigend wirkt. Die populäre Indie-Band *Szabó Benedek és a Galaxisok (szabobenedek.bandcamp.com)* geht dagegen musikalisch in eine andere Richtung, in den Texten werden die alltäglichen Probleme von Budapester Millenials behandelt. Veronika, Rozina und Benedek geben regelmäßig Konzerte in der Hauptstadt. Vielleicht schaffst du's ja zu einem ihrer Auftritte!

WOHIN ZUERST?

Wenn's ums Ausgehen geht, ist das **jüdische Viertel** *(📖 D–E9)*, das auch Partyviertel *(bulinegyed)* genannt wird, die erste Wahl. In den alternativen Szenespots rund um den Madách Imre tér und im Gozsdu-Hof ist für jeden was dabei. Budapest ist berühmt für seine Ruinenkneipen, allen voran ist das *Szimpla Kert* ein besonderes und buntes Erlebnis. In lauen Sommernächten zieht es die Hauptstädter an die **Donau** – Musikfans lieben das Konzertschiff *A38* auf der Budaer Seite.

BARS, KNEIPEN & PUBS

1 BAMBI ESZPRESSZÓ ★

Im Bambi ist die Zeit seit den 1960er-Jahren stehen geblieben. Das Interieur – rote Ledermöbel, weiße Spitzentischdecken, gelbes Retromosaik – hat noch immer den alten Charme, und auch auf der Karte stehen ungarische Klassiker: *melegszendvics* (ein Stück mit Käse überbackenes Weißbrot mit Ketchup), Debrecziner Würste, Kuchen, Kaffee, Bier und Fruchtsirup. Man kann auf der Terrasse sitzen oder drinnen den alten Herren beim Mühlespielen zusehen. Hier kannst du das *presszó*-Genre noch authentisch erleben. *Mo–Fr 7–22, Sa/So 9–22 Uhr | Frankel Leó út 2–4 | Facebook: bambieszpresszo | Straßenbahn 4, 6 Margit híd, Budai hídfő | II. Bezirk | 📖 B7*

2 CSENDES LÉTTEREM

Drei nette Locations gehören zur Csendes-Marke. Das Létterem war zuerst da – eine entspannte, kreativ dekorierte Mischung aus Bar, Café und Restaurant –, zu dessen Gästen vor allem Studenten der nahe gelegenen Elte-Universität gehören. Die Wein- und Snackbar *Csendes Társ* und der *Csendes Concept Store* mit seinen handgemachten Designer-Geschenkartikeln sind beide nur wenige Meter entfernt, in unmittelbarer Nähe zum kleinen Park Károlyi kert. *Di–Sa 18–24 Uhr | Ferenczy István utca 7 | Facebook: csen*

Nostalgie mit Ketchup: Im Bambi Eszpresszó sind die Sixties lebendig

desvintagebar | U-Bahn 2 Astoria | Straßenbahn 47, 47B, 48, 49 | V. Bezirk | e10

3 ÉLESZTŐHÁZ

Bier, Bier, oder doch lieber Bier? Wer von dem Malzgetränk nicht genug bekommen kann, wird sich hier pudelwohl fühlen. Man sitzt entweder im Innenhof oder im geräumigen Innenbereich mit seinen blanken Backsteinwänden und modernen Holzmöbeln. Das Angebot besteht in erster Linie aus ungarischem Artisan-Bier – großartig ist z. B. das Minz-Schoko-Stout der Bierbrauerei Szent András. Die angeschlossene *VinoPiano Wein & Tapas Bar* sorgt dafür, dass man bei all dem Bier nicht verhungert. *So/Mo 15–1, Di/Mi 15–2, Do–Sa 15–3 Uhr | Tűzoltó utca 22 | elesztohaz.hu | U-Bahn 3 Corvin-negyed | Straßenbahn 3, 4 | IX. Bezirk | F11*

4 HÁROM HOLLÓ/DREI RABEN

Dieses vom deutschen Literaten, Übersetzer und Unidozenten Wilhelm Droste eröffnete Kaffeehaus lässt die Budapester Kaffeehauskultur der Zeit um 1900 wieder aufleben. Eröffnung war am 22. November 2017, und das Datum ist kein Zufall: Es wäre der 140. Geburtstag des großen ungarischen Dichters Endre Ady gewesen – und dessen Lieblingskaffeehaus hieß wie? Richtig, Három Holló! Was man aber nicht gleich von außen sieht: Das Három Holló ist nicht nur Kaffee-, sondern auch Kulturhaus und hat damit eine Lücke in Budapests kulturellem Leben geschlossen. An einem Tag steht hier ein Livekonzert auf dem Programm, am nächsten Theater oder eine Ausstellung. Besonders schön: Das Publi-

INSIDER-TIPP
Verborgener Kulturort

kum ist auch altersmäßig bunt gemischt. Mo–Fr günstiges Mittagsmenü. *Tgl. 12–24 Uhr | Piarista köz 1 (Eingang von der Szabadsajtó út) | haromhollo.hu/de | Straßenbahn 2 Március 15. tér | U-Bahn 3 Ferenciek tere | V. Bezirk | d10*

5 HINTALÓ ISZODA ★

Ein altes ungarisches Sprichwort besagt: „Dem weisen Menschen gebührt ein gutes Pferd." Das erhältst du im Hintaló (Schaukelpferd) auf jeden Fall! Die gemütliche, künstlerisch-verspielte Bar ist eine, bei der es schwerfällt, sie nach dem letzten Bier zu verlassen. Und apropos Bier, auch das schmeckt hier besonders gut, denn es gibt davon gleich sechs heimische Sorten frisch gezapft und Dutzende weitere Craft-Biere aus der Flasche. Immer wieder Livekonzerte – und mit etwas Glück gibt dir Barkeeper Omar einen Mezcal aus. *Tgl. 18–24 Uhr | Bacsó Béla utca 15 | Facebook: hintalobudapest | Straßenbahn 4, 6 | U-Bahn 2 Blaha Lujza tér | VIII. Bezirk | F10*

6 KISÜZEM

Große Fenster, Ziegelstein, Pflanzen und Vogelkäfige: Das Kisüzem – auf Deutsch: „Kleinbetrieb" – ist eine Kneipe zwischen heimelig und künstlerisch. Die Wände zieren regelmäßig Werke ungarischer Künstler, vom Risoprint mit politischem Inhalt bis zu abstrakter Malerei. Gute, kleine Speisekarte. *Tgl. | Kis Diófa utca 2 | Tischreservierung Tel. 1 781 67 05 (außer Fr/Sa ab 20 Uhr) | Facebook: Kisuzem | Straßenbahn 4, 6 Király utca/Erzsébet körút | U-Bahn 2 Blaha Lujza tér | VII. Bezirk | e9*

7 MARXIM PUB

Um den Eingang zu dieser Kneipe zu finden, musst du einfach nur der Beleuchtung mit dem roten Stern, dem Symbol für den Sozialismus, folgen. Wenn du dann eintauchst in die Welt des Marxim, findest du dich ruckzuck zwischen Leninbüste, Drahtzaun und anderen sowjetischen Requisiten wieder. Leckere Pizza mit hausgemachter Tomatensauce und kleine Craft-Beer-Auswahl der Brauerei Szent András. PS: Schau dir unbedingt das Wandfresko im hinteren Raum an … *Tgl. | Kis Rókus utca 23 | Facebook: marxim pub | Straßenbahn 4, 6 Mechwart liget | II. Bezirk | A7*

8 MIKA TIVADAR KERT

Kert – das bedeutet Garten. Und genau in diesem, einem großen, stimmungsvollen Biergarten, kann man sich in den warmen Monaten herrlich amüsieren. Das Publikum besteht hauptsächlich aus jungen ungarischen Studenten und internationalen Budapest-Besuchern. Nur im Sommer geöffnet. *Mo/Di 16–24, Mi 16–1, Do 16–2, Fr/Sa 16–3 Uhr | Kazinczy utca 47 | Facebook: mikativadarmulato | U-Bahn 1 Opera | VII. Bezirk | e9*

9 SZIMPLA KERT ★

Prototyp der extrem gehypten Budapester „Ruinenkneipen", die bei Touristen und Expats besonders gut ankommen. Im Sommer ist vor allem der von bröckelnden Häuserwänden gesäumte Biergarten beliebt, hier kann man auch Wasserpfeife rauchen. Toll ist es, die vielen verrückt ausgebauten Räume im Inneren zu entdecken. Die legendäre Ruinenbar macht übrigens nachmittags, fernab vom Partytrubel am Abend, bei einer hausgemachten Limonade am meisten Spaß. *Tgl. ab 12 Uhr | Kazinczy utca 14 | szimpla.hu | U-Bahn 2 Astoria | Straßenbahn 47, 48, 49 | VII. Bezirk | ▯ e9*

INSIDER-TIPP
Nicht mit der Masse gehen, äh, trinken

10 TELEP

Ursprünglich eine kleine Kneipe für die Skater- und Hip-Hop-Szene, mittlerweile Hort für die trendigsten jungen Budapester. Im 1. Stock gibt's manchmal Ausstellungen und einen kleinen, hippen Laden. Der Klischee-Telepbesucher hat ein paar Tattoos, trägt Vollbart (sofern Mann), kommt mit Hund und nippt an einer *Club Mate*. Das *Központ* schräg gegenüber gehört demselben Besitzer und geht in eine ähnliche Richtung. Im Sommer wird in beiden Locations nicht drinnen gefeiert, sondern – hauptsächlich den Rauchern geschuldet – draußen. *Mo–Mi 12–24, Do–Sa 12–2, So 12–22 Uhr | Madách Imre út 8 | Facebook: TelepGaleria | U-Bahn 1, 2, 3 Deák Ferenc tér | Straßenbahn 47, 48, 49 | VII. Bezirk | ▯ e9*

11 360 BAR

Eine tolle Rooftopbar. Der Name erklärt sich ganz einfach dadurch, dass man vom Dach aus einen 360-Grad-Panoramablick auf Pest genießen darf – und für diese köstlichen Aussichten bezahlt man auch beim Essen und Trinken mit. Heißer Tipp: Man kann die Bar auch im Winter besuchen, ohne zu frieren. Dann nämlich stehen hier oben durchsichtige, beheizte Iglus, in denen man sich beispielsweise Fondue oder Glühwein schmecken lassen kann. Reservierung empfohlen (über die Website möglich). *Mo–Do 17–24, Fr/Sa 14–2, So 14–24 Uhr | Fr–So 1000 Ft. Eintritt | Andrássy út 39 | 360bar.hu | U-Bahn 1 Oktogon | Straßenbahn 2, 4 | VI. Bezirk | ▯ E8*

Kurz mal ins Kisüzem – hier gibt's auch Kunst zu entdecken

KINOS

12 ARTHOUSE-KINOS

Was Arthouse-Kinos angeht, ist Budapest richtig gut aufgestellt. Diese drei sind dabei die lauschigsten; hier werden Filme aus aller Welt mit ungarischen, ungarische Filme meist mit englischen Untertiteln gezeigt. Besonders das Művész mit seinen fünf Kinosälen lohnt einen Besuch. Im Toldi kann man dafür nach dem Film großartig feiern gehen – hier gibt's regelmäßig Partys und Konzerte. *artmozi.hu* | ★ *Művész: Teréz körút 30 | U-Bahn 3 Nyugati pályaudvar | VI. Bezirk | E8 | ★ Puskin: Kossuth Lajos utca 18 | U-Bahn 3 Ferenciek tere | V. Bezirk | e10 | ★ Toldi: Bajcsy-Zsilinszky út 36–38 | U-Bahn 3 Arany János utca | V. Bezirk | D8*

INSIDER-TIPP
Zum Feiern ins Kino

13 URÁNIA

Das muss man sich mal vorstellen: Seit über hundert Jahren werden im Uránia Kino- und Dokumentarfilme gezeigt – heutzutage gibt es darüber hinaus auch Konzerte, Ballettvorführungen, Lesungen und ein hauseigenes Café. Das Gebäude ist außen wie innen einfach nur bombastisch. Hier vermischen sich venezianische Gotik, italienische Renaissance und arabisch-maurische Architektur. Mit anderen Worten: Bitte nicht auslassen! *Rákóczi út 25 | urania-nf.hu | U-Bahn 2 Blaha Lujza tér | Bus 7 | VII. Bezirk | e10*

KONZERTE, OPER & OPERETTE

14 BUDAPEST MUSIC CENTER

Das BMC ist der wahr gewordene Traum von Posaunist und Musiklehrer László Gőz, der das Veranstaltungs- und Informationszentrum inklusive

Live-Style: Im Budapest Music Center ist Jazz genauso zu hören wie Pop oder Klassik

Musikdatenbank und -bibliothek 1996 gründete. Das zugehörige Gebäude mit der neoklassizistischen Fassade und dem hochmodernen Interieur ist nicht nur architektonisch spannend. Im hauseigenen *Opus Jazz Club (Eintritt ca. 8–15 Euro)* wird niveauvolle Jazz- und Kammermusik gespielt, in der Konzerthalle Pop und Klassik. Hier befindet sich auch ein Restaurant, das einen in puncto Vielfalt und Qualität echt von den Socken haut. Und, noch besser: Auch hier gibt's einen Mittagstisch. *Mo–Sa 9–22 Uhr | Mátyás utca 8 | Tel. 1 2 16 78 94 | bmc.hu | U-Bahn 3, 4 Kálvin tér | Straßenbahn 47, 47B, 48, 49 | IX. Bezirk | e11*

INSIDER-TIPP
Die geheime Speisekammer im Jazzclub

15 LISZT-FERENC-MUSIKAKADEMIE (ZENEAKADÉMIA) ★

Außen hui, innen … auch hui! Die Franz-Liszt-Musikakademie ist die bedeutendste Musikhochschule Ungarns mit ausgezeichnetem internationalem Ruf – und eine sichere Adresse für tolle klassische Konzerte, oft von den Schülerinnen und Schülern der Akademie. Bereits an der Fassade des 1907 fertiggestellten, 2013 umfassend renovierten Gebäudes kann man sich kaum sattsehen, und im Foyer und im großen Saal herrscht Jugendstilpracht pur. Vorbestellung ist nicht nötig, Tickets gibt es an der Kasse. *Juli/Aug. Konzertpause | regelmäßig 50-minütige Führungen auf Englisch (4700 Ft., keine Voranmeldung erforderlich) | Liszt Ferenc tér 8 | Tel. 1 4 62 46 00 | lisztacademy.hu | U-Bahn 1 Oktogon | Straßenbahn 4, 6 Király utca | VI. Bezirk | E8*

16 LUSTSPIELTHEATER (VÍGSZÍNHÁZ)

Das 1896 eröffnete Haus im schönsten Stilmix seiner Zeit ist schon von außen ein Hingucker. Gespielt werden u. a. Klassiker von Shakespeare bis Dürrenmatt, zu sehen sind aber auch gute Produktionen, für die man kein Ungarisch verstehen muss, wie „Dschungelbuch" und „Der Zauberer von Oz". *Juni–Sept. Theaterpause | Szent István körút 14 | Tel. 1 3 29 39 20 | vigszinhaz.hu/english | Straßenbahn 2, 4, 6 Jászai Mari tér | XIII. Bezirk | D7*

17 OPER (OPERAHÁZ) ★

Ob italienische Oper, internationales Ballett oder ungarisches Klassikkonzert, hier steht große Kunst auf dem Spielplan. Dazu gesellt sich der optische Hochgenuss: In der Pause auf einem der Balkons zur Andrássy út zu stehen ist ein besonderes Erlebnis. Wegen Renovierung war die Oper jahrelang geschlossen. Seit Frühjahr 2022 steht sie den Besuchern wieder offen und ist – seufz! – schön wie eh und je. Leider hat die Qualität der Vorstellungen etwas abgenommen, manches ist etwas kitschig inszeniert. Aber: Oben auf dem Rang sind oft Plätze für nur 1500 Ft. zu haben, wenn auch inklusive schlechterer Sicht. Tickets gibt's online oder im Shop der Oper (tgl. 10–19 Uhr). *Andrássy út 22 | opera.hu | U-Bahn 1 Opera | VI. Bezirk | D–E8*

Konzertlocation auf der Donau: das Clubschiff A38 mit Restaurant und Rockmusik

18 OPERETTENTHEATER (OPERETTSZÍNHÁZ)

„Operette" mag etwas altbacken klingen – dabei zeigt dieses Musiktheater auf dem „Budapester Broadway" modern und anspruchsvoll inszenierte Stücke. Zum Repertoire gehören unter anderem „Die Csárdásfürstin", „Der Glöckner von Notre-Dame" und „Romeo und Julia". Idealerweise schaust du die Aufführung im frisch renovierten, wunderschön verzierten Theatersaal *Kálmán Imre Teátrum* an. *Nagymező utca 17 | Tel. 1 3 12 48 66 | operett.hu | U-Bahn 1 Opera | VI. Bezirk | 📖 E8*

19 PALAST DER KÜNSTE (MŰVÉSZETEK PALOTÁJA) ★

Was für ein Klang! Der *Nationale Konzertsaal Béla Bartók* mit 1700 Plätzen ist das Herz des Palasts der Künste (kurz: MüPa). Was die Akustik angeht, ist er ein Wunderwerk moderner Technik, doch das helle Holzdesign ist ebenfalls spannend. Hier treten die ungarischen Philharmoniker sowie große Orchester und Solisten aus aller Welt auf – allerdings auch moderne Musiker wie Joanna Newsom und Mark Kozelek haben sich hier schon blicken und hören lassen. *Komor Marcell utca 1 | mupa.hu/en | Straßenbahn 2, 24 Müpa-Nemzeti Színház | IX. Bezirk | 📖 F14*

MUSIKCLUBS

20 A38 ★

Das hört sich jetzt vielleicht komisch an, aber Budapests beste moderne Konzertlocation ist ein ehemaliges ukrainisches Frachtschiff auf Buda-Seite. Auf dem oberen Deck befindet sich ein tolles Restaurant, im Bauch der Konzertraum mit genialer Akustik.

Genremäßig kannst du dich hier sowohl auf Rock, Metal und Punk als auch auf Pop, Rap und elektronische Musik gefasst machen. Programmtipp: Random Trip (Facebook: random trip), eine Konzertserie, bei der junge Talente der ungarischen Musikszene auftreten. *Tgl. | Restaurant Mo–Fr 10–22, Sa 16–22 Uhr | auf der Budaer Seite an der Petőfibrücke | a38.hu/en | Straßenbahn 4, 6 Petőfi híd, Budai hídfő | XI. Bezirk | E13*

INSIDER-TIPP
So klingen die Ungarn

21 AETHER CLUB

Der Kellerclub an der Peripherie des Gozsdu-Hofs hat es innerhalb weniger Jahre geschafft, bei den Technofans der Stadt so beliebt zu werden, dass es mittlerweile sogar sein eigenes Merchandise gibt. Regelmäßig internationale DJs – hier kannst du getrost die Nacht durchtanzen. *Fr, Sa 23–6 Uhr | Király utca 13 | aetherclub.com | U-Bahn 1, 2, 3 Deák Ferenc tér | Straßenbahn 47, 48, 49 | VII. Bezirk | e9*

22 AKVÁRIUM

Wenn tagsüber die Sonne durch den künstlichen See über dir scheint, verstehst du sofort, wo der Name herkommt. Denn dann wird das Akvárium innen von blauen Wasserwellen durchflutet. Am Tag ist das zentrale Etablissement Café, Bar und Restaurant, abends legen DJs auf, und es gibt Livegigs oder auch mal eine 90er-Jahre- oder Halloween-Party. *Tgl. ab 15 Uhr geöffnet | Erzsébet tér | akvariumklub.hu/en | U-Bahn 1, 2, 3 Deák Ferenc tér | Straßenbahn 47, 48, 49 | V. Bezirk | d9*

23 ALTEREGO

Der beliebteste Gayclub Budapests mit seinem bunt gemischten Publikum steht für jeden offen. Großartig sind die Transvarietéshows um Mitternacht. Freitags gibt's im kleineren der beiden Partyräume Karaoke. *Fr 22–5, Sa 22–6 Uhr | Dessewffy utca 33 | alteregoclub.hu | Straßenbahn 4, 6 Oktogon | VI. Bezirk | D8*

INSIDER-TIPP
Um 24 Uhr geht's hier bunt

24 AURÓRA, GÓLYA

Diese beiden unabhängigen, progressiven Kulturzentren sind einfach nur großartig. Das Programm reicht von Konzert und Schallplattenbörse bis zu Ausstellung und Gesellschaftsspieleparty. Hier finden außerdem Zivilorganisationen und Künstler ein Zuhause. Wenn du dich in alternativeren Zirkeln und in der Undergroundszene wohlfühlst, dann werden diese Orte sicher schnell dein Herz erobern. Die Stadtverwaltung droht leider immer wieder mit der Schließung – also nichts wie hin, solange es noch geht! *Auróra: Auróra utca 11 | Facebook: auroraunofficial | Straßenbahn 4, 6 Rákóczi tér | U-Bahn 4 II. János Pál pápa tér | VIII. Bezirk | F10 | Gólya: Orczy út 46–48 | Facebook: golyaszovetkezet | U-Bahn 3 Klinikák | VIII. Bezirk | H11*

25 BUDAPEST JAZZ CLUB ★

Ob Grünschnabel oder alter Hase – im lockeren Ambiente von Budapests

Jazzclub Nummer eins ist es einfach, sich wohlzufühlen. Im hübschen Stadtteil Újlipótváros (Neu-Leopoldstadt) ist es richtig inspirierend, heimischen und internationalen Jazztalenten zuzuhören. An den Tischen vor der Bühne lassen sich Getränke und leckere Snacks bestellen, für den größeren Hunger empfiehlt sich das hauseigene Bistro. *Di 10.30–24, Mi/Do 10.30–1, Fr 10.30–2, Sa 16–2 Uhr, So unterschiedliche Öffnungszeiten | Hollán Ernő utca 7 | Tisch- und Ticketreservierung: Tel. 1 798 72 89 | bjc.hu/home | Straßenbahn 2, 4, 6 Jászai Mari tér | XIII. Bezirk | ⊞ D6*

26 DÜRER KERT ★

Das Dürer ist eine Institution unter Ungarn, die auf Alternative Rock, aber auch mal auf eine Runde Tischtennis im Biergarten oder Comicfestivals stehen. Ursprünglich hatte es seinen Standort nicht hier, sondern unweit des Stadtwäldchens. Von dort wurde das Dürer von Baufirmen umstrittenerweise vertrieben. An seinem neuen Standort direkt neben der Donau liegt es jedoch – so im Nachhinein betrachtet – fast lauschiger als vorher. Das Dürer ist hundefreundlich, hat einen Spielplatz für Kinder, es gibt Burger und Fahrradabstellplätze. *Öböl utca 1 | durerkert.com/en | Bus 33E, 33 Hengermalom út | Straßenbahn 1 Hengermalom út/Szerémi út | XI. Bezirk | ⊞ D15*

27 INSTANT FOGAS

Partykomplex in einem alten Pester Innenstadthaus. Der verrückt-bunte Club ist nicht nur eine „Ruinenkneipe": Es gibt einen Garten und einen Entertainmentbereich mit Darts, Kicker und Co., einen Technoclub im 1. Stock, den Punk- und Rockschuppen *Robot* im Keller, das Restaurant *Liebling* und mehrere Dancefloors verschiedener Musikstile, oft auch Konzerte oder Gast-DJs aus dem Ausland. Das Publikum ist sehr international und partyhungrig, die Öffnungszeiten sprechen für sich. *Tgl. 17–6 Uhr | Akácfa utca 49–51 | instant-fogas.com | Straßenbahn 4, 6 Király utca | VII. Bezirk | ⊞ E9*

28 KLUB VITTULA

Rein in den dubios anmutenden Eingang, die dunkle Treppe runter, und los geht der wunderbar chaotische Untergrundspaß. Ob Stranger-Things-Motto, Acid-House-Party oder schrammeliges Punkkonzert – der Besuch im Vittula ist immer ein authentisches Erlebnis. Und sei es, dass man einfach nur für ein schnelles Bier an der Theke herkommt. *Mo 18–24, Di–Sa 18–2 Uhr | Kertész utca 4 | Facebook: klubvittula | Straßenbahn 4, 6 Wesselényi utca/Erzsébet körút | VII. Bezirk | ⊞ F9*

TANZ & FOLKLORE

29 FONÓ (FONÓ BUDAI ZENEHÁZ)

Das Musikhaus in Buda bietet ein buntes Kultur- und Unterhaltungsprogramm im Bereich Folk- und Weltmusik. Immer wieder findet auch bei super Stimmung *táncház* (Tanzhaus) statt – für die genauen Termine am besten ins Programm auf der Website schauen. Mach mit,

Mach dich gefasst auf Experimente: moderner Tanz im Tráfó

und keine Scheu – Tanzlehrerinnen zeigen dir bei Bedarf die Schritte.

INSIDER-TIPP
Beim Tanz die Ungarn kennenlernen

Wenn hier auf dem Tanzparkett losgelegt wird, dann kann man live erleben, wie ein Flirt von Tradition und Leidenschaft bei den Ungarn aussieht. *Mo–Mi 10–21, Do 10–23, Fr 10–2, Sa 14–23 Uhr | Sztregova utca 3 | fono.hu | Straßenbahn 17, 41, 47, 48, 56, 61 Kalotaszeg utca | IX. Bezirk | C15*

30 NATIONALES TANZTHEATER (NEMZETI TANCSZÍNHÁZ)

Nach einigem Hin und Her, weil Premier Viktor Orbán sein Büro genau am bisherigen Heimatort des Nationalen Tanztheaters im Budaer Burgtheater haben wollte, gibt es nun eine Lösung: Das 2001 gegründete Tanztheater ist seit einiger Zeit im Kultur- und Freizeitzentrum *Millenáris* ansässig. Das Repertoire ist vielseitig – mal klassisch, mal modern, mal ungarisch, mal indisch. Mach dich am besten auf der Website über das aktuelle Repertoire und Vorstellungen schlau. *Kis Rókus utca 16–20 | nemzetitancszinhaz.hu | Straßenbahn 4, 6, 17, 19 Széna tér | II. Bezirk | A7*

31 TRÁFÓ

Im Trafó kann man auf alles Mögliche stoßen: Filmvorführungen, kleine Ausstellungen, Konzerte, Theater. Doch das eigentliche Profil ist der moderne Tanz. Hier kannst du Experimentierfreudigkeit und innovative Vorstellungen auf der Bühne sehen, und sowohl ungarische als auch internationale Künstler tanzen hier. An heimischen Ensembles sind z. B. *Frenák Pál* und *Duda Éva Társulat* zu empfehlen. *Liliom utca 41 | trafo.hu/en | Straßenbahn 4, 6 Corvin-negyed | IX. Bezirk | F11*

AKTIV & ENTSPANNT

Wo sich Stadt und Strand ganz lässig treffen: Beachclub an der Kettenbrücke

SPORT, SPASS & WELLNESS

JOGGEN

Zum Joggen ist die *Margareteninsel* (s. S. 37) die beliebteste Adresse. Eine 5300 m lange Tartanbahn führt rund um die Insel, du läufst mit Blick auf die Donau, Autos dürfen hier nicht fahren. Unter der Margaretenbrücke gibt es ein kostenloses Freiluft-Fitnessstudio mit ein paar Geräten fürs Krafttraining – ein toller Abschluss nach dem Joggen.

BIER-SPA

Im *Beer Spa (tgl. 11–19 Uhr | Eintritt 17000 Ft., Kombiticket mit Széchenyi-Bad 25 350 Ft. | Állatkerti körút 9–11 | Tel. 30 5 15 07 02 | thermalbeerspa.com | U-Bahn 1 Széchenyi fürdő | XIV. Bezirk | G6)*, das zum Széchenyi-Bad gehört, entspannst du in urigen Holzwannen in 36 Grad warmem Wasser, dem Malz, Hopfen und Hefe zugefügt werden. Die Vitamin-B-reiche Mischung soll für die Haut Wunder wirken. Von der Wanne aus kannst du dir dein eigenes Bier zapfen und dabei ungarische Snacks naschen. Außerdem gibt's alkoholfreie Getränke, das Beer Spa ist also auch familienfreundlich – und buchstäblich ein feuchtfröhliches Erlebnis.

FUSSBALL

„Moral, Stärke und Eintracht" – das ist das Motto des beliebtesten Fußballvereins *Fradi (FTC/Ferencvárosi Torna Club | fradi.hu/en)* von 1899. Heimstadion der Grün-Weißen ist die Groupama Aréna *(groupamaarena.com)*. Der große Rivale von Fradi ist der weiß-lilafarbene Verein *Újpest (Újpest Football Club | ujpestfc.hu)*, der seine Homebase im Szusza-Ferenc-Stadion hat. Für Spiele in Letzterem lassen sich Tickets leicht online kaufen, Fradi-Spiele erfordern eine etwas komplizierte Registrierung vor Ort. Egal welchem Team du die Daumen drückst, die Stimmung im Stadion lohnt einen Besuch.

... und dann sind da natürlich noch die Thermalbäder, wie das glanzvolle Gellért-Bad

KANUFAHREN

Die Ungarn sind traditionell erfolgreich in allen möglichen Wassersportarten. Bei den Kanuweltmeisterschaften 2018 holten sie die meisten Medaillen, und das gilt auch für das Frauenteam! Wenn du dich im Kanufahren erproben willst, dann geht das am besten am *Római-part* (Römischer Strand) im Norden Budapests (III. Bezirk). Beim *Bootshaus Béke (Római Part 53 | bekecsonakhaz.hu)* kann man sich zu zweit für 4500 Ft. ein Kanu leihen und z. B. das Inselchen Lupa-sziget erkunden.

ESCAPE-GAMES

Wo geht's hier bitte raus? Das Konzept der Escape- oder Exit-Games wurde in der ungarischen Hauptstadt erfunden, weshalb sie hier der absolute Renner sind. Die originalen Budapester Rätselspiele sind übrigens um einiges einfallsreicher als die der Nachahmer im Ausland. *E-Exit (Nyár utca 27 | szabadulos-jatek.hu)* hat unter anderem einen spannenden Raum mit dystopischem „1984"-Thema. Die sechs trickreichen Spielräume im *Locked Room (Székely Mihály utca 4 | locked.hu)* lehnen sich thematisch teils an Filme und Serien an, darunter „Breaking Bad" und „Zodiac". Man kann hier auch schon ab zwei Personen spielen.

WUNDER DER WISSENSCHAFT

5000 m² voller interaktiver Wissenschaftswunder: Im *Csodák Palotája (Palast der Wunder) (tgl. 10–19 Uhr | Eintritt 4400 Ft., Kinder 3200 Ft. | Bécsi út 38–44 | csopa.hu/en/ | Straßenbahn 17, 19, 41 Kolosy tér | II. Bezirk | B4)*, kurz „CsoPa", haben garantiert nicht nur Kinder was zu staunen. Mehr als 250 Spiele machen Spaß und schlau in einem!

FESTE & EVENTS

JANUAR

Neujahrskonzerte: In der Sankt-Stephans-Basilika ist am 1. Jan. klangvolle Orgelmusik zu hören, am 2. Jan. Kirchenmusik. *organconcert.hu/en*

APRIL

★ **Budapester Frühlingsfestival:** Mehrwöchiges Kulturfestival, Events und Konzerte von großer Klassik bis zu Jazz und Folklore, mit ungarischen und internationalen Künstlern. *btf.hu*

MAI

Budapest 100: Ursprünglich lag der Fokus darauf, die gerade 100 Jahre alt gewordenen Gebäude Budapests zu feiern, mittlerweile gibt es diese tolle Programmreihe Anfang Mai mit Führungen, Vorträgen oder auch mal einem kollektiven Frühstück, alles kostenlos! *budapest100.hu/en*

Internationales Comicfestival: Fans von Comics, Mangas und Graphic Novels aufgepasst: Im *Dürer Kert* (s. S. 102) wird Mitte Mai dieses Festival veranstaltet. *Facebook: kepregenyfesztival*

JUNI

Jewish Art Days Festival: Programmreihe Anfang Juni für alle, die sich für die jüdische Kultur interessieren. Konzerte, Partys, Gespräche, Theater … Halt Ausschau nach Auftritten der *Budapest Klezmer Band* und von *Budapest Bár*. *zsidomuveszetinapok.hu*

Nacht der Museen: Mit dem Kauf eines Armbands (2200 Ft.) kannst du Dutzende Budapester Museen erkunden (Mitte/Ende Juni). *muzej.hu/en*

JULI

Budapest Pride: Seit über 20 Jahren gehen die Budapester für die Rechte der LGBTQ+-Community auf die Straße. Heute ist die Pride eine riesige Feier für alle, denen Empathie und Toleranz wichtig sind. *budapestpride.com*

Riesenparty mit Musik aus allen Richtungen: das Sziget-Festival

AUGUST

Sziget-Festival (Foto): Das Musikfestival auf der Óbuda-Insel (Anfang/Mitte Aug.) muss man sich einmal gegeben haben. Musik: bunt gemischt. Publikum: international. *szigetfestival.com*

Formel 1 – Grand Prix von Ungarn: Internationaler Motorsport auf dem Hungaroring bei Budapest. Du willst selbst düsen? Auf der Rennstrecke gibt es eine Gokartbahn! *hungaroring.hu*

★ **Sankt-Stephans-Tag:** Am 20. Aug. gibt's zum Gedenken an den ersten ungarischen König abends ein riesiges Feuerwerk auf der Donau – und jede Menge *pálinka* (Obstschnaps).

SEPTEMBER

Budapest Beer Week: Internationales Craft-Beer-Festival mit hochwertigem Gerstensaft aus aller Welt, Vorträgen von Bierprofis und leckeren Happen (Anfang/Mitte Sept.). *bpbw.hu*

Spar Budapest Marathon: Ende Sept., ein Halbmarathon findet Anfang des Monats statt. *runinbudapest.com*

NOVEMBER

Verzio International Human Rights Documentary Film Festival: Die gezeigten Dokumentarfilme haben gemeinsam, dass sie sich – jeder auf seine Art – mit Missständen in der Welt auseinandersetzen (Mitte Nov.). *verzio.org/en*

DEZEMBER

Weihnachtsmarkt: am Vörösmarty tér, mit leider oft etwas überteuertem Angebot wie Kunsthandwerk, Glühwein und *kürtőskalács* (Baumstriezel). Vor allem an der Andrássy út ist schöne Weihnachtsbeleuchtung zu sehen.

Silvester: Am 31. Dez. feiert halb Budapest auf der Straße. Es gibt Bühnen mit Livemusik, und mit Spielzeugtröten wird fröhlicher Lärm veranstaltet.

SCHÖNER SCHLAFEN

DIE KUNST ZU SCHLAFEN …
… erlebst du im Boutiquehotel *Brody House (10 Zi. | Bródy Sándor utca 10 | Tel. 1 3 23 75 83 | brody.house | U-Bahn 3 Kálvin tér | €€ | VIII. Bezirk | E10)*, dessen Zimmer alle individuell und teils extravagant gestaltet wurden. Das Frühstück wird im Salon aufgetischt, wo es auch eine legere Bar gibt. Das Gebäude von 1896 wurde seit je von Künstlern bewohnt. Heute finden die *Artist Residencies* in den verwandten *Brody Studios (Vörösmarty utca 38 | VI. Bezirk | E7)* statt. Dort findet sich auch ein Privatclub – frag am besten höflich nach, eventuell gewährt man dir Zutritt.

REALSOZIALISTISCH GEBETTET
Bock auf Retro? Dann wird dir dieser hohe, runde Turm gefallen: das *Hotel Budapest (280 Zi. | Szilágyi Erzsébet fasor 47 | Tel. 30 3 13 40 05 | hotel-budapest.hu/en | Straßenbahn 17, 19, 41, 56, 59, 61 Városmajor | Bus 5, 22, 91, 105, 155, 156, 222 | € | II. Bezirk | 0)*. Das 15-stöckige „Rundhotel" (*körszálló*, wie die Einheimischen es nennen) auf Buda-Seite wurde 1967 eröffnet und hat bis heute seinen Charme aus der Ära des Realsozialismus beibehalten. Für alle, die das Design der 60er-Jahre lieben und Wert auf Ruhe und Naturnähe legen. Am Verkehrsknotenpunkt Széll Kálmán tér ist man dennoch in wenigen Minuten.

STARALLÜREN MIT (JUGEND-)STIL
Ohne Übertreibung: Das *Four Seasons Gresham Palace (169 Zi. | Széchenyi István tér 5–6 | Tel. 1 2 68 60 00 | fourseasons.com/budapest | U-Bahn 1 Vörösmarty tér | Straßenbahn 2 Széchenyi István tér | €€€ | V. Bezirk | C9)* ist das schönste Hotel Budapests. Kein Wunder, dass von Rock- bis Hollywoodstars (z. B. Red Hot Chili Peppers, Anthony Hopkins) jeder hier absteigt. Reinspi-

Träum schön im Brody House – Frühstück gibt es im Salon

cken geht auch bei einem feinen *Herend Afternoon Tea (tgl. 15–18 Uhr).*

MITTEN IM GRÜNEN

Die Budaer Berge erkunden, ohne den Draht zur Stadt zu verlieren – einen besseren Ausgangspunkt gibt es nicht. *Ave Natura Camping (Csermely utca | Tel. 70 5 50 70 69 | campingavenatura.hu | Bus 291 Zugliget | XII. Bezirk | 🕮 0)* ist ein kleiner, gemütlicher Campingplatz, eher rustikal, aber trotzdem sauber. Von hier aus kann man leicht zu Wanderungen aufbrechen, der Sessellift *(Zugligeti Libegő)* ist nur wenige Gehminuten entfernt, und auch im Sommer bleibt die Luft angenehm.

MIT VINTAGE-CHARME

Maler und Designer Ádám Szarvas und sein Team schaffen im *Lavender Circus Hostel (15 Zweibettzi. | Múzeum körút 37 | Tel. 70 4 17 77 63 | lavendercircus.com | U-Bahn 3, 4 Kálvin tér | Straßenbahn 47, 48, 49 | € | V. Bezirk | 🕮 E10)* die absolute Wohlfühlatmosphäre für individualistische Träumer. Die Einrichtung hat was von Künstler-WG mit viel Liebe zum Detail. Das ruhige Gebäude in zentraler Lage ist sehr familienfreundlich, in jedem Zimmer ist Platz für ein Zustellbett.

EIN BETT AUF DER DONAU

Ein „Wasserbett" der besonderen Art findest du auf der *Vogue (2 Zi. | Carl Lutz rakpart 1 | Tel. 30 9 42 50 27 | restaurantvogue.hu | Straßenbahn 2, 4, 6 Jászai Mari tér | € | XIII. Bezirk | 🕮 D5).* Das Schiff liegt hier schon seit 20 Jahren vor Anker und ist ein Ort, wo man gern mal für ein Abendessen zu besonderen Gelegenheiten vorbeischaut. Klasse ist das viele Holz im Interieur, das eine freundliche Atmosphäre schafft. Totschlagargument sind aber Preis, Lage und Aussicht (auf Donau und Margareteninsel). Nichts wie hin!

ERLEBNIS TOUREN

Lust, die einzigartigen Facetten der Stadt zu entdecken? Dann sind die Erlebnistouren genau das Richtige für dich! Ganz einfach wird es mit der MARCO POLO Touren-App: Die Tour über den QR-Code aufs Smartphone laden – und auch offline die perfekte Orientierung haben.

Gleich bleibt dir die Luft weg – beim Ausblick von der Fischerbastei

Einfach QR-Code scannen und alle Karten & Infos zu unseren Touren auch unterwegs parat haben!

go.marcopolo.de/bud

DIE ERLEBNISTOUREN IM ÜBERBLICK

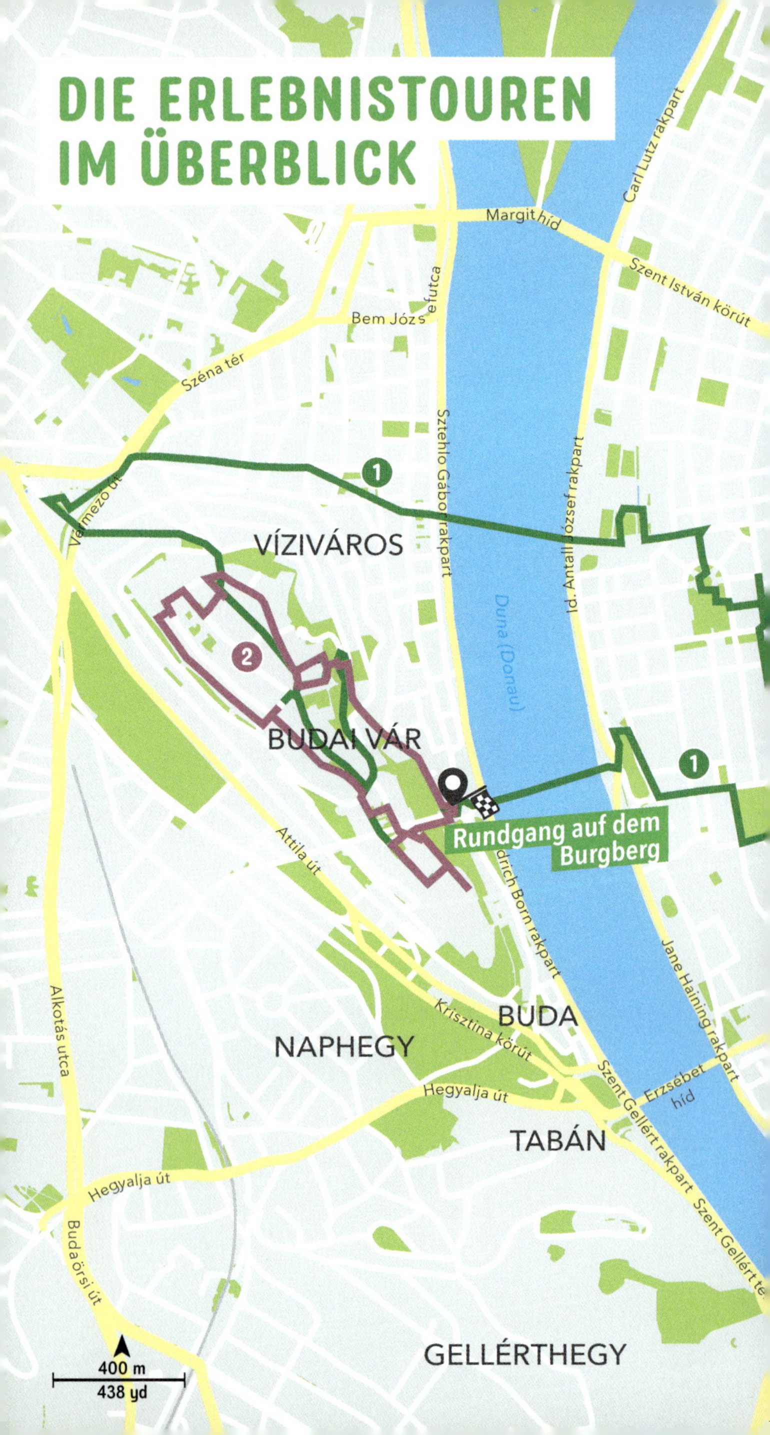

ÚJLIPÓTVÁROS
Váci út
Lehel utca
Váci út
Városliget
Dózsa György út
Teréz körút
Andrássy út
TERÉZVÁROS
Erzsébet körút
ERZSÉBETVÁROS
Thököly út
Baross tér
Die Elisabethstadt: Im alten jüdischen Viertel
Rákóczi út
Fiumei út
Budapest perfekt im Überblick
Rákóczi út
Kálvin tér
PALOTANEGYED
József körút
JÓZSEFVÁROS
Szent Gellért tér
Üllői út
CORVIN NEGYED
Közraktár utca
Ferenc körút
Üllői út

❶ BUDAPEST PERFEKT IM ÜBERBLICK

- Morgens ins Burgviertel, abends in die Ruinenkneipe
- Die Schokoladenseiten von Buda und Pest kennenlernen
- Zum Zwischenstopp ins Thermalbad

Deák Ferenc tér

Deák Ferenc tér

18 km

1 Tag, reine Geh-und Fahrzeit 3 Stunden

Kosten: Nahverkehr 1650 Ft. (24-Stunden-Ticket, für Inhaber der Budapest-Card inklusive)
Matthiaskirche: Samstagnachmittags ab und an wegen Hochzeiten geschlossen, sonntagvormittags während des Gottesdiensts keine Besuchsmöglichkeit
Mitnehmen: Badesachen

❶ Deák Ferenc tér
❷ Kettenbrücke
❸ Burgberg

TOLLE AUSBLICKE ZUM AUFTAKT

Beginn deinen Budapest-Tag mit einer Fahrt ins Budaer Burgviertel. Der beste Startpunkt dafür ist der zentrale Verkehrsknotenpunkt ❶ **Deák Ferenc tér** in der Pester Innenstadt. *Von dort geht es mit Bus 16 über die* ❷ **Kettenbrücke** ➤ S. 41 *nach Buda.* An der Talstation der Standseilbahn *(Sikló)* macht sich der Bus an den Aufstieg zum ❸ **Burgberg**, wo du *an der Haltestelle Dísz tér aussteigst.* Hier gelangst du zur Linken zum mächtigen **Burgpalast** ➤ S. 34. *Zur Rechten führt die Tárnok utca zum Szentháromság tér,* wo zwei weitere Highlights warten.

Am Szentháromság tér steht die königliche **Matthiaskirche** ➤ S. 36. Vorgelagert ist die verspielt-romantische **Fischerbastei** ➤ S. 36 mit wunderbarem Ausblick auf die Stadt. *In der Szentháromság utca* lockt eine kleine Pause im berühmten Biedermeiercafé **Ruszwurm Cukrászda** *(tgl. | Szentháromság utca 7 | ruszwurm.hu),* bevor du gemütlich *über den Hess András tér und die Fortuna utca zum Bécsi kapu tér* bummelst.

JEDE MENGE BAUSTILE UND EINE BASILIKA

Mit dem Bus (16, 16A, 116) geht es vom Bécsi kapu tér zum Széll Kálmán tér und von dort mit der U-Bahn 2 zum Kossuth Lajos tér am ❹ **Parlament** ➤ S. 39. Was sich hinter dem Begriff Eklektizismus verbirgt, zeigt sich beim Spaziergang durch die Straßen der **Leopoldstadt** *(Lipótváros)* von seiner besten Seite: Die verschiedenen Baustile ergeben ein abwechslungsreiches, spannendes Gesamtbild. *Durch die Báthory utca gehst du nach rechts in die Honvéd utca,* wo in Nr. 3 das ❺ **Haus der Ungarischen Sezession (Magyar szecesszió háza)** *(So geschl. | magyarszecessziohaza.hu)* mit seiner feinen Jugendstilfassade und einem stilechten **Café** für eine belebende Kaffeepause wartet.

❹ Parlament

❺ Haus der Ungarischen Sezession

Wenige Schritte weiter liegt der parkähnliche ❻ **Szabadság tér** ➤ S. 40 mit prächtigen Gründerzeitbauten. Von dort geht es *an der US-Botschaft vorbei und links in die Hold utca,* wo du auf ein Meisterwerk des Architekten Ödön Lechner triffst: die frühere ❼ **Postsparkasse** *(Magyar Király Takarék Pénztár),* heute Teil der National-

❻ Szabadság tér

❼ Postsparkasse

Willkommen zur Kaffeepause in der Konditorei Ruszwurm auf dem Burgberg

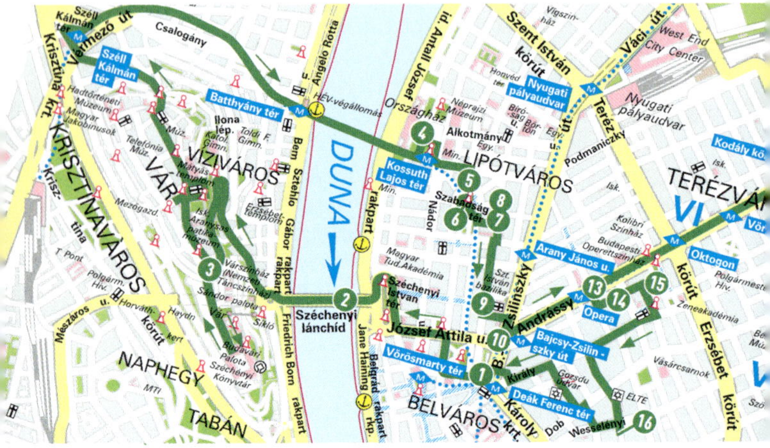

bank. Direkt gegenüber kannst du dich übrigens in der netten ❽ **Markthalle** mit Proviant direkt von ungarischen Kleinerzeugern versorgen. *Folg nun der Hercegprímás utca nach Süden zur* ❾ **Sankt-Stephans-Basilika** ➤ **S. 41**. Bleib auf dem **Szent István tér** stehen: Der Blick auf die neoklassizistische Basilika mit ihrer gewaltigen Kuppel ist fast so schön wie das Innenleben der Kirche. Rundum laden viele Cafés zu einer Mittagspause ein.

❽ Markthalle

❾ Sankt-Stephans-Basilika

HELDEN, KUNST, EIN VERGNÜGLICHER PARK – UND DANN IM PRACHTBAD ENTSPANNEN

Hinter der Basilika geht es schräg links zum Beginn der ❿ **Andrássy út** ➤ **S. 44**, und zwar zur U-Bahn-Haltestelle Bajcsy-Zsilinszky út. Die historische *U-Bahn-Linie 1 (Földalatti)* ist ideal, um die Prachtmeile schnell und unter Tage zu erkunden. Auf dem ⓫ **Heldenplatz** ➤ **S. 46** (Haltestelle Hősök tere) mit dem **Millenniumsdenkmal** bist du mittendrin in der ungarischen Geschichte. Auch große Kunst ist hier zu entdecken: im **Museum der Bildenden Künste** ➤ **S. 47** mit **Café**.

❿ Andrássy út

⓫ Heldenplatz

Vom Heldenplatz sind es nur ein paar Schritte bis ins ⓬ **Stadtwäldchen** ➤ **S. 48** mit seinen vielen Attraktionen, wie z. B. der romantischen **Vajdahunyad-Burg** ➤ **S. 49** oder dem **Budapester Zoo** ➤ **S. 49**. Bist du

⓬ Stadtwäldchen

müde geworden? Dann entspann dich doch ein Weilchen im schlossähnlichen Széchenyi-Bad ➤ S. 49 (der Ausschilderung folgen).

UMWERFENDE OPER! LUST AUF SÜSSES?

Die U-Bahn 1 bringt dich zurück bis zur Station Opera an der Andrássy út. Rund um die prächtige ⑬ Oper ➤ S. 99, 44 residieren Shops und Restaurants in erlesener Architektur. Zeit für eine Stärkung? Einzigartig-verrückt gestaltete Süßspeisen, Eis und Kaffee, dazu witzigen Schnickschnack gibt's *im nahe gelegenen* ⑭ Sugar! *(tgl. | Paulay Ede utca 48 | sugarshop.hu).* Reinschauen lohnt sich, wenn du's bunt magst!

INSIDER-TIPP
Zuckerbunt

⑬ Oper

⑭ Sugar!

LAUSCHIGER PLATZ UND AUSGEHVIERTEL

Wenige Schritte entfernt laden auf dem ⑮ Liszt Ferenc tér ➤ S. 45 zahlreiche Cafés zum Essen und Trinken ein, darunter das Menza ➤ S. 74. Der Liszt Ferenc tér ist der ideale Ausgangspunkt für einen Bummel ins ehemalige jüdische Viertel. *Durch die Király utca geht es links in die Kazinczy utca* mit ihren zahlreichen Cafés, wie z. B. der Ruinenkneipe ⑯ Szimpla Kert ➤ S. 96. Eine Alternative bieten die lebendigen Cafés im Gozsdu-Hof ➤ S. 53 an, der auf dem Rückweg an der Király utca liegt, bevor es zurück zum ❶ Deák Ferenc tér geht.

⑮ Liszt Ferenc tér

⑯ Szimpla Kert

❶ Deák Ferenc tér

❷ RUNDGANG AUF DEM BURGBERG

- Mit der Standseilbahn rauf auf die Burg
- Sakrale Aussichten an der Matthiaskirche
- Auf Pflastersteinen spazierend durch die Zeit reisen

Start: Clark Ádám tér
Ziel: Clark Ádám tér
Strecke: 4,5 km
Dauer: 1 Tag, reine Gehzeit 1 ½ Stunden

Kosten: Standseilbahn *(Sikló)* 3000 Ft.
❷ **Standseilbahn:** Betrieb in ungeraden Wochen Di–So, sonst tgl. 8–22 Uhr
⓬ **Matthiaskirche:** Samstagnachmittags ab und an wegen Hochzeiten geschlossen, sonntagvormittags während des Gottesdiensts keine Besuchsmöglichkeit

❶ Clark Ádám tér
❷ Standseilbahn

BITTE EINSTEIGEN: PER BAHN AUF DEN BERG
Den schönsten, wenn auch nicht gerade kostengünstigen Weg zum Burgberg nimmt vom ❶ **Clark Ádám tér** am Budaer Ufer der Kettenbrücke die ❷ **Standseilbahn** *(Sikló)*. Sie fährt in zwei Minuten – auf einer 101 m langen Strecke mit 48-prozentigem Gefälle – *zum Szent György tér* hinauf. Alternativ – und gratis – kannst du auch in knapp zehn Minuten auf dem Weg links des *Sikló*-Startpunkts, vorbei an einem riesigen Mosaik des Ungarnwappens hochspazieren.

❸ Burgpalast

KUNSTSCHÄTZE UND EIN GEBROCHENES HERZ
Von der Bergstation der Standseilbahn geht es nach links zum ❸ **Burgpalast** ➤ S. 34 mit seinen hochkarätigen Museen. Die **Ungarische Nationalgalerie** ➤ S. 34 präsentiert eindrucksvoll die ungarische Kunst ab dem Mittelalter. Eine anrührende Geschichte erzählt der **Matthiasbrunnen**. Er steht draußen, an das Gebäude angelehnt, am Durchgang zum Innenhof des Historischen Museums. Rechts am Brunnen ist das

Bauernmädchen Ilona (nach manchen Quellen auch Ilonka) dargestellt. Die junge Frau verliebte sich unsterblich in den inkognito jagenden Herrscher und soll, da er unerreichbar für sie war, an gebrochenem Herzen gestorben sein.

Die Standseilbahn fährt vom Clark Ádám tér auf den Burgberg

VOM PALAIS ZUM PARADEPLATZ

Zurück an der Bergstation der Standseilbahn, fällt der Blick auf das klassizistische ❹ Sándor-Palais *(Sándor palota)* von 1806, den Sitz des ungarischen Staatspräsidenten. Das benachbarte Palais war früher ein Karmeliterkloster und wurde auf Geheiß von Kaiser Joseph II. 1790 zum ersten ständigen Theater in Buda umgebaut. Jahrelang war im ❺ Burgtheater *(Várszínház)* das Nationale Tanztheater zu Hause, nun entsteht hier die neue Residenz des Ministerpräsidenten.

Geh nun durch die Szent György utca zum Dísz tér (Paradeplatz). Er markierte einst die Grenze zwischen dem Palastviertel und der Bürgerstadt, im Mittelalter war er Marktplatz und Hinrichtungsstätte. Das nette, kleine ❻ Korona Kávéház *(tgl. | Dísz tér 16)* lädt hier zu einer Kaffeepause oder einem Snack ein.

❹ Sándor-Palais
❺ Burgtheater
❻ Korona Kávéház

MITTAGSPAUSE IN DER GASSE

Vom Dísz tér gehen mehrere Straßen ab, eine ist die Úri utca (Herrengasse). An der Szentháromság utca (Straße der Heiligen Dreifaltigkeit) siehst du rechts die Matthiaskirche, die du später auf dem Rückweg erreichst. In dieser Gasse liegt auch ❼ Jamie's Italian *(tgl. | Szentháromság utca 9–11 | Tel. 1 8 00 92 12 | jamieoliver.com/italian/hungary),* das italienische Franchiserestaurant des britischen Starkochs Jamie Oliver, auf dessen Terrasse man sich wunderbar Antipasti und Pizza zu Mittag gönnen kann.

❼ Jamie's Italian

❽ Tóth Árpád sétány

❾ Maria-Magdalena-Turm

❿ Evangelische Kirche

⓫ Mittelalterliches Jüdisches Gebetshaus

⓬ Matthiaskirche

⓭ Fischerbastei

FÜR AUGE UND OHR: IN DIE BERGE SPÄHEN UND GLOCKENSPIELKLÄNGEN LAUSCHEN

Nach links führt die Szentháromság utca zur Promenade auf der alten Befestigungsmauer, dem ❽ **Tóth Árpád sétány**. Hier genießt du tolle Ausblicke hinüber in die Budaer Berge. *Folg der Promenade zum schönen Kapisztrán tér* mit dem spätgotischen ❾ **Maria-Magdalena-Turm** *(Magdolna torony)*, von dem jede Viertelstunde ein Glockenspiel erklingt. Nur der Turm der Kirche (13. Jh.) hat ihre Zerstörung im Zweiten Weltkrieg überstanden. Das klassizistische **Militärhistorische Museum** *(Hadtörténeti Múzeum)* war einst eine Kaserne. *Hinter dem Kirchturm führt die Országház utca nach rechts zum alten* **Landtagsgebäude**. Die ungarische Ständeversammlung tagte hier von 1785 bis 1806. Spazier *durch die kleine Kard utca hinüber zur Fortuna utca, dann links zum* **Bécsi kapu tér** (Wiener-Tor-Platz). Dort steht die neoklassizistische ❿ **Evangelische Kirche**.

IM ALTEN JÜDISCHEN GHETTO

Der nordöstliche Teil des Burgviertels war im Mittelalter das jüdische Ghetto. Die *vom Bécsi kapu tér abzweigende Táncsics Mihály utca* war sein Zentrum, sie wurde im Volksmund „Judengasse" genannt. Reste des jüdischen Lebens im Mittelalter sind in den Sommermonaten im ⓫ **Mittelalterlichen Jüdischen Gebetshaus** (Nr. 26) zu sehen. Das schönste Barockgebäude der Gasse ist das **Erdődy-Palais** (Nr. 7). Die Straße endet vor dem Hotel Hilton am Hess Andras tér. Seinen Namen verdankt der Platz einem Deutschen, dem Drucker Andreas Hess. Er soll im 15. Jh. das erste Buch, das in Ungarn gedruckt wurde, hergestellt haben.

NOCH MAL STAUNEN: MÄRCHENKIRCHE UND TRAUMBLICK, DANN PRUNKVOLL TREPPAB

Von hier sind es nur wenige Schritte bis zur eindrucksvollen ⓬ **Matthiaskirche** ➤ S. 36 am Szentháromság tér. Die 14 m hohe **Dreifaltigkeitssäule** auf dem Platz wurde 1715 zur Erinnerung an das Wüten der Pest im Jahr 1706 aufgestellt. *Hinter der Matthiaskirche* erstreckt sich die sehr fotogene ⓭ **Fischerbastei** ➤ S. 36. Sie bietet einen wunderschönen Ausblick über die Do-

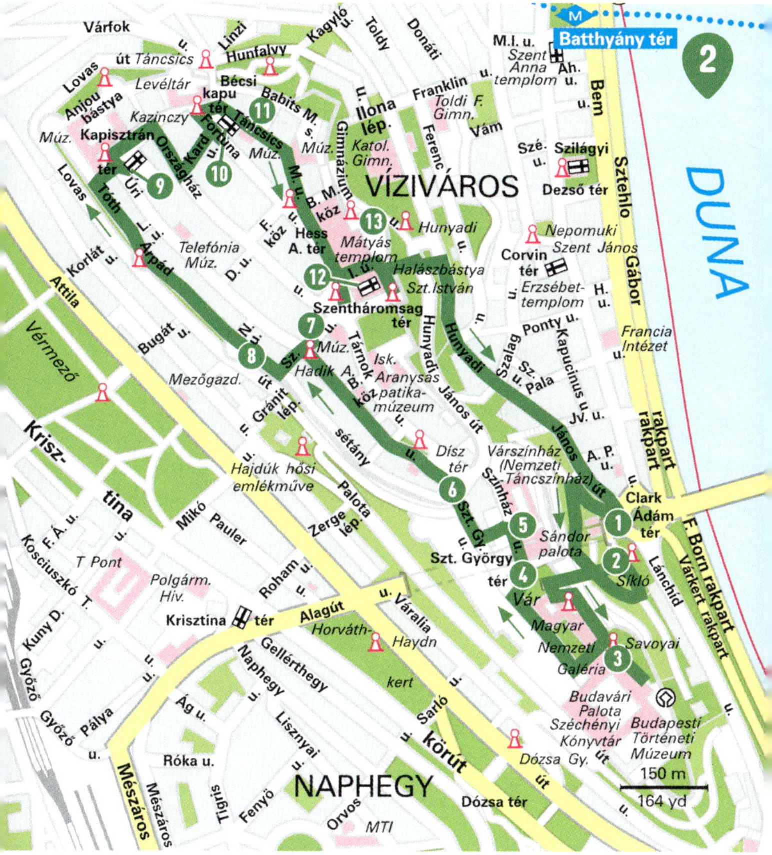

nau hinüber zum Parlament. Das große **Reiterdenkmal** stellt König Stephan I. dar. Es ist ein Werk des Bildhauers Alajos Stróbl, der auch den Matthiasbrunnen geschaffen hat. Dieser Teil des Burgbergs – Matthiaskirche, Fischerbastei und Reiterstandbild – wurde von Frigyes Schulek Ende des 19. Jhs. entworfen und realisiert.

Der Rückweg führt von der Fischerbastei über die **Prunktreppe** *(Király lépcső) hinab zur Hunyadi János út,* die dich zurück zum Startpunkt am ① **Clark Ádám tér** bringt.

① Clark Ádám tér

3 DIE ELISABETHSTADT: IM ALTEN JÜDISCHEN VIERTEL

- Die Geschichte der Budapester Juden erleben
- Schlendern zwischen Synagogen und coolen Shops
- Jüdisch genießen mit *flódni* und Klezmer

Deák Ferenc tér

Deák Ferenc tér

4 km

½ Tag,
reine Gehzeit
1 ½ Stunden

Die Synagogen sind am Sabbat (Samstag) geschlossen, an Freitagen gelten nachmittags frühere Schließzeiten

① Deák Ferenc tér

② Synagoge in der Dohány utca

ZU BESUCH IN DER GROSSEN SYNAGOGE

Der Spaziergang durch das jüdische Viertel beginnt am zentralen Verkehrsknotenpunkt ① **Deák Ferenc tér**. *Von dort gehst du über den Kleinen Ring (der in diesem Abschnitt Károly körút heißt)* zum religiösen Zentrum der jüdischen Gemeinde, der großartigen ② **Synagoge in der Dohány utca** ➤ S. 53, die 1859 feierlich eingeweiht wurde. Vor dem Zweiten Weltkrieg lebten in Budapest etwa 200 000 Juden. 1944 wurde die Elisabethstadt von den Nazis und den ungarischen Pfeilkreuzlern als Ghetto von der Umgebung abgeriegelt und für Tausende der eingeschlossenen Menschen zum Grab. An die Verbrechen dieser Zeit gemahnen das Holocaust-Erinnerungszentrum ➤ S. 55 und das silbern schimmernde **Holocaust-Denkmal** des Künstlers Imre Varga im Hof der Synagoge.

Heute leben etwa 80 000 Juden in Budapest, die meisten wohnen über das gesamte Stadtgebiet verstreut. Die Elisabethstadt ist jedoch ein Viertel, in dem jüdisches Leben zahlreiche Spuren hinterlassen hat und in dem wieder jüdische Religion und Traditionen gelebt werden. Mehr darüber erfährst du im **Jüdischen Museum** in einem Seitenflügel der Synagoge.

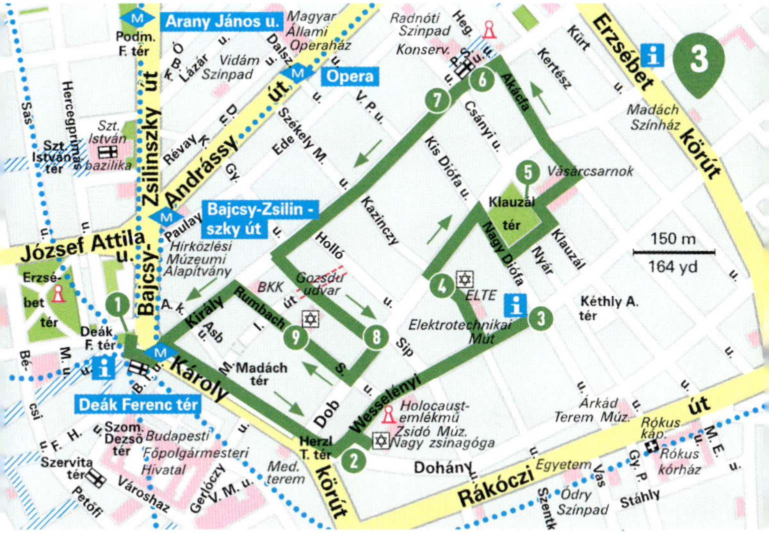

FEINE LECKEREIEN ENTDECKEN

Von der Synagoge (Theodor-Herzl-Platz) aus geht es in die Wesselényi utca. Wenn du die Straße hinuntergehst, passierst du unter anderem jüdische Geschäfte und Cafés. Eine Pause wert ist die ❸ **Arán Bakery** *(tgl. | Wesselényi utca 23),* in der leckere jüdische Süßwaren angeboten werden, darunter das typische *flódni,* das aus je einer Schicht Walnuss, Apfel, Mohn und Pflaumenmus besteht.

❸ Arán Bakery

Schließlich erreichst du die Kazinczy utca, die in den letzten Jahren als „Kulturstraße" verkehrsberuhigt wurde. Rechter Hand liegt die Ruinenkneipe Szimpla Kert ➤ S. 96. Wenn du dich aber nach links wendest, triffst du auf die hervorragend renovierte ❹ **Orthodoxe Synagoge** ➤ S. 54, die in einem Gebäudekomplex liegt, der sich bis zur Dob utca erstreckt. In diesem Bereich tummeln sich die Restaurants, Cafés und Kneipen.

❹ Orthodoxe Synagoge

Der Spaziergang führt nun durch die Dob utca rechts zum Klauzál tér, wo du in der kleinen ❺ **Markthalle** einen Imbiss (z. B. *lángos*) nehmen oder etwas Obst, leckeren Käse und Brot kaufen kannst. *Am anderen*

❺ Markthalle

❻ Theresienstädter Pfarrkirche

Ende geht es links durch die Akácfa utca zur **❻ Theresienstädter Pfarrkirche** an der Király utca. Den Turm errichtete 1871 Miklós Ybl, der auch Architekt der Budapester Oper war.

SCHICKE LÄDEN TREFFEN AUF SZENEKNEIPEN

❼ Király utca

Wenn du nun nach links durch die **❼ Király utca** *gehst,* bist du mittendrin in einem tiefgreifenden Sanierungsprozess. Einer Bürgerinitiative gelang es, viele Häuser vor dem Abriss zu retten, doch es fehlen die nötigen Mittel zur Sanierung. So wurden vor Jahren leider eine Reihe historischer Gebäude durch gesichtslose Neubauten ersetzt. Im unteren Teil der Straße, *weiter Richtung Deák Ferenc tér,* geben Designläden wie **Goa** *(Nr. 21)* oder der Blumen- und Dekoshop **Arioso** *(Nr. 9 | arioso.hu)* den Ton an. Zum Arioso gehört auch ein Café mit Garten und unheimlich leckeren Macarons. Nach langen Jahren des Verfalls erstrahlt der wunderbare Gebäudekom-

INSIDER-TIPP
Abtauchen im geheimen Garten

Wo die Zeit im Flug vergeht: Im alten jüdischen Viertel ist auch Street-Art zu entdecken

plex mit der Hausnummer 13, der **Gozsdu-Hof ➤ S. 53**, in neuem Glanz. Nachdem die Vermietung als Luxusapartments wohl nicht den gewünschten Erfolg brachte, haben zahlreiche Cafés und Bars Einzug gehalten. Hier ist abends immer was los.

VON KAFFEE BIS KLEZMER

Bieg auf der anderen Seite des Gozsdu-Hofs rechts in die Dob utca ein. Auf der anderen Straßenseite ist das **8 Spinoza ➤ S. 74** eine schöne Adresse für einen Kaffee oder ein Essen. Das Caférestaurant ist auch für seine freitäglichen Klezmer-Abende bekannt. Geh *an der nächsten Kreuzung rechts in die Rumbach Sebestyén utca.* Die schöne **9 Rumbach-Synagoge ➤ S. 53** wurde 1872 von dem Wiener Architekten Otto Wagner im romanisch-maurischen Stil gebaut.

Am Ende der Gasse geht es links wieder in die Király utca, die am Kleinen Ring endet. Schräg rechts liegt wieder der Ausgangspunkt am **1 Deák Ferenc tér**.

8 Spinoza

9 Rumbach-Synagoge

1 Deák Ferenc tér

GUT ZU WISSEN

DIE BASICS FÜR DEINEN STÄDTETRIP

ANKOMMEN

AUTO

Von Norden und Westen kommt man über die Autobahn M 1 nach Budapest. Die ungarischen Autobahnen sind mautpflichtig: Vignetten *(autópálya matrica)* gibt es an der Grenze, an Tankstellen und online *(maut-tarife.hu)* zu kaufen. Sie kosten für 10 Tage 3280 Ft. und für 31 Tage 5210 Ft.

Höchstgeschwindigkeiten in Ungarn: innerorts 50, außerorts 90, auf Autobahnen 130 km/h. Außerhalb von Ortschaften muss auch tagsüber das Abblendlicht eingeschaltet sein. Es gilt absolutes Alkoholverbot (null Promille), und es besteht Anschnallpflicht auf allen Sitzen. Telefonieren ist nur mit Freisprechanlage erlaubt, Sicherheitswesten sind mitzuführen (für jeden Sitzplatz im Auto). Bei Verkehrsunfällen mit Personenschaden muss die Polizei benachrichtigt werden. Nimm die grüne Versicherungskarte mit. Pannenhilfe:

- *Notruf des Ungarischen Autoclubs (Magyar Autóklub MAK, Gelbe Engel/Sárga Angyal, auch ADAC-Partnerclub): Tel. 188*
- *Auslandsnotruf für Mitglieder des ADAC: 0049 89 22 22 22 (24 Std.)*
- *ÖAMTC Schutzbrief-Nothilfe: 0043 1 2 51 20 00 (24 Std.)*

In der Stadt mit dem Auto unterwegs zu sein ist u. a. wegen der Parkplatznot kein Vergnügen – es ist ratsam, den Wagen in der Hotelgarage oder auf einem bewachten Parkplatz stehen zu lassen.

BUS

Busverbindungen gibt es von vielen Städten *(flixbus.de | nemzetkozi.volanbusz.hu/en)*. Der internationale Busbahnhof ist *Népliget (Üllői út 131 | U-Bahn 3: Népliget | IX. Bezirk | J13)*.

Einmal nach Pest, bitte: Lass dich von der Straßenbahn über die Freiheitsbrücke bringen

FLUGZEUG

Die klassischen Linienflieger, wie z. B. Lufthansa, bieten mehrere direkten Budapest-Verbindungen an. Bei den preiswerteren Airlines gibt es immer mehr Direktangebote, beispielsweise von Easyjet, Eurowings, Ryanair und Wizzair. Der Liszt Ferenc International Airport mit seinen Terminals 2A und 2B liegt am südöstlichen Stadtrand von Budapest.

Vom Flughafen in die Stadt kommst du am günstigsten mit dem Schnellbus 200E bis zur Endhaltestelle der U-Bahn 3, Kőbánya-Kispest, von dort geht's ins Stadtzentrum (Zeitbedarf ca. 1 Std.). Am besten kaufst du dir gleich am Flughafen (Automat oder Schalter des Budapester Verkehrsunternehmens BKK) eine Mehrtageskarte. Alternativ fährt der Bus 100E für 1500 Ft. pro Fahrt direkt in die Innenstadt (Kálvin tér, Astoria, Deák Ferenc tér).

Eine Taxifahrt in die Stadt (Dauer ca. 25–50 Min.) kostet ca. 7500 Ft. Der offizielle Partner des Budapester Flughafens ist das Taxiunternehmen *Főtaxi (fotaxi.hu/en);* auf der Website gibt es sogar einen Tarifrechner, man kann auch online oder über die App bestellen. Lass dich nicht von anderen Taxianbietern (oder solchen, die sich nicht ausweisen können) ansprechen.

ZUG

Das Zugnetz ist mittlerweile gut ausgebaut und Budapest aus Städten in fast allen Ecken Deutschlands bequem und direkt erreichbar – so z. B. mit EuroNight ab Berlin, EuroCity ab Hamburg (über Dresden, Prag und Bratislava) und Railjet ab Frankfurt am Main, Stuttgart und München. Mit Sparangeboten (z. B. SparDay ab München, Fahrtdauer 7 Std.) kommt man teils sogar ab 32 Euro pro Fahrt nach Budapest. Ab Berlin kann man zum selben Preis, aber über Nacht für eine 10-stündige Fahrt einen Sitzplatz erwerben. Alle Fernzüge kommen in Budapest am Ostbahnhof (Keleti pályaudvar) *(G9)* an, die Züge aus Wien halten zudem in Kelenföld *(0). Zugauskunft: bahn.de | elvira.hu. Internationale Zugauskunft Budapest: Tel. 1 3 49 49 49*

EINREISE
Für die Einreise nach Ungarn genügt für Deutsche, Österreicher und Schweizer der Personalausweis.

KLIMA & REISEZEIT
Frühjahr und Herbst sind temperaturmäßig die besten Zeiten für eine Reise nach Budapest. Im Sommer ist die Stadt oft überlaufen, und es wird sehr heiß. Die Winter können eisig kalt werden, aber auch schön verschneit und trocken oder matschig und regnerisch. Wer nicht zimperlich ist, wird in der kalten Zeit mit einer nicht ganz so von Touristen überschwemmten Stadt belohnt.

GRÜN & FAIR REISEN

Du willst beim Reisen deine CO_2-Bilanz im Hinterkopf behalten? Dann kannst du deine Emissionen kompensieren *(atmosfair.de; myclimate.org)*, deine Route umweltgerecht planen *(routerank.com)* oder auf Natur und Kultur *(gate-tourismus.de)* achten. Mehr über ökologischen Tourismus erfährst du hier: *oete.de* (europaweit); *germanwatch.org* (weltweit).

MOBIL SEIN

ÖFFENTLICHE VERKEHRSMITTEL
Die schönste U-Bahn-Linie ist die 1896 eröffnete *Földalatti* (Linie 1). Es gibt drei weitere Linien der U-Bahn (Metro) – die rote 2, die blaue 3 und die grüne 4 – sowie ein dichtes Netz an Straßenbahnen, Bussen und Trolleybussen. Am nördlichen rechten Donauufer (Richtung Donauknie) und am südlichen linken Ufer fahren Vorortbahnen (HÉV), ebenso (im Osten) Richtung Gödöllő. Per Zahnradbahn *(Fogaskerekűvasút)* (ab Városmajor auf der Budaer Seite) geht es in die Budaer Berge und zur Kindereisenbahn *(Gyermekvasút)*.
Stadtbesichtigung für nur rund 1,50 Euro: Die Straßenbahnlinie 2 fährt in gut 20 Minuten vom Pester Brückenkopf der Margaretenbrücke am Pester Donaukai entlang bis zur Endstation beim Palast der Künste – mit besten Ausblicken auf die Budaer Seite.
Fahrscheine sind vor der Fahrt zu lösen. Automaten gibt es z. B. an allen Metrostationen sowie an den Haltestellen der Straßenbahn 4 und 6. An den Automaten kann man mit Karte zahlen. Das Ticket musst du an den meisten Metrostationen vorzeigen, bevor du runter zu den Gleisen gehst; dies ist auch bei einigen Buslinien erforderlich (dann öffnet der Busfahrer nur die erste Tür zum Zustieg). Einzelfahrscheine müssen am Automaten im Fahrzeug entwertet werden oder, bei den U-Bahnen, vor der Rolltreppe. Bewahr dein Ticket bis zum Verlassen

des Bahnhofs auf, da Kontrolleure manchmal auch an den Ausgängen stehen. Ein Einzelfahrschein (350 Ft.) gilt für die gesamte Strecke der Linie, beim Umsteigen ist ein neuer zu benutzen. Es gibt auch 24- bzw. 72-Stunden-Tickets (1650 bzw. 4150 Ft.), Wochentickets (4950 Ft.) und 15-Tage-Tickets (6300 Ft.), jeweils gültig für alle öffentlichen Verkehrsmittel in Budapest. Fahrpläne und weitere Infos gibt es beim städtischen Nahverkehrsunternehmen *BKK (Unterführung am Deák Ferenc tér | Tel. 1 3 25 52 55 | bkk.hu | V. Bezirk | d9)*.
Rentner (ab 65 Jahre) aus der Europäischen Union und der Schweiz können öffentliche Verkehrsmittel (Busse, Bahn) landesweit kostenlos benutzen. Bei Kontrollen muss der Ausweis vorgezeigt werden. Schüler und Studenten aus der Europäischen Union und der Schweiz erhalten 50 Prozent Rabatt beim BKK (Schüler- bzw. Studentenausweis bereithalten).

FAHRRAD

Mit dem Rad ist man in Budapest schneller und flexibler unterwegs als mit den öffentlichen Verkehrsmitteln. Die Stadtverwaltung trägt – wenn auch im Schneckentempo – ihren Teil bei und baut die Fahrradwege stetig aus. Außerdem gibt es die wellensittichgrünen Citybikes *(MOL BuBi)*: Für die Nutzung der *BuBi (molbubi.hu/en)* muss man sich an einer der über 100 Dockingstationen oder an den Schaltern der Budapester Verkehrsbetriebe (BKK) registrieren. Mit Smartphone und Kreditkarte geht das Ganze am einfachsten. Tipp: Nach Ausleihen eines *BuBi* ist die Nutzung bis zu 30 Minuten kostenlos.
Radtouren veranstaltet *Yellow Zebra Bike Tours (Károly körút 16 | yellowzebrabikes.com | V. Bezirk | 10)*. Ein guter und günstiger Fahrradverleih ist die *Bikebase (Podmaniczky utca 19 | Tel. 70 6 25 85 01 | bikebase.hu | VI. Bezirk | D7)*. Ob Damen-, Herren- oder Kinderrad, hier bekommt man den Drahtesel und die Ausstattung, die man sich wünscht.

AUF DEM WASSER

Schippere während deines Budapest-Aufenthalts unbedingt auch mal auf dem Wasser, bei einer Schiffsfahrt auf der Donau. Diese Perspektive musst du dir einfach gönnen. Die Budapester Verkehrsbetriebe *BKK* unterhalten gemeinsam mit der Reederei *Mahart* Schiffe, die auf der Donau eine Rundlinie abfahren. Es gibt Haltestellen auf Buda- und auf Pestseite sowie auf der Margareteninsel (Tickets 1500 Ft.). Man kann im fensterlosen, aber überdachten Bereich oben oder von Fenstern geschützt unten sitzen.
Daneben kann man organisierte Bootstouren und Stadtrundfahrten per Schiff buchen: *Legenda (Tel. 1 2 66 41 90 | legenda.hu)* ist der beliebteste, professionellste Anbieter. Es gibt verschiedene Routen und Varianten – tags und abends, mit Candle-light-Dinner oder ohne – und eine Erklärung der Sehenswürdigkeiten auch in deutscher Sprache.

TAXI

Die Tarife sind einheitlich festgelegt: Grundgebühr 1000 Ft., Kilometergebühr 400 Ft., Wartegebühr 100 Ft. pro Minute. Alle Taxis müssen im gleichen Gelbton lackiert sein und einen Aufkleber an der Seite haben, der sie als lizenziert ausweist. Da es trotzdem schwarze Schafe gibt, solltest du dein Taxi im Idealfall per Telefon bestellen: *City Taxi Tel. 1 2 11 11 11.* Oder wie's die jungen Ungarn machen: einfach über die App *Bolt (auch Tel. 1 4 44 51 54).*

VOR ORT

AUSKUNFT

Budapester Festival- und Tourismuszentrum (BFTK):

- *Városháza park | U-Bahn 1, 2, 3 Deák Ferenc tér | V. Bezirk | 🕮 d9*
- *Liget Besucherzentrum an der Dózsa György út | U-Bahn 1 Hősök tere (Heldenplatz) | XIV. Bezirk | 🕮 G6*
- *Internationaler Flughafen Liszt Ferenc, Terminal 2A und 2B | Bus 200E, 100E | 🕮 0*
- *budapestinfo.hu*

BUDAPEST CARD

Die *Budapest Card* (erhältlich u. a. am Flughafen und beim Budapester Festival- und Tourismuszentrum) bietet viele Vorteile und Rabatte, z. B. kann man die kleinen elektronischen Shuttlebusse *(Official Budapest Castle Bus),* die zwischen Clark Ádám tér und Burgviertel die kurze, steile Strecke fahren, umsonst nutzen. Außerdem berechtigt sie zur unbeschränkten Benutzung der öffentlichen Verkehrsmittel. Es gibt sie für 24 Stunden (29 Euro), 48 Stunden (43 Euro) und 72 Stunden (56 Euro). *Weitere Informationen und Onlinebuchung: budapestinfo.hu*

FEIERTAGE

1. Jan.	Neujahr
15. März	Jahrestag des Revolutionsbeginns von 1848 (Nationalfeiertag)
7. April 2023, 29. März 2024	Karfreitag
10. April 2023, 1. April 2024	Ostermontag
1. Mai	Tag der Arbeit
29. Mai 2023, 20. Mai 2024	Pfingstmontag
20. Aug.	Sankt-Stephans-Tag (Nationalfeiertag)
23. Okt.	Tag der Republik, Gedenken an den Aufstand 1956 (Nationalfeiertag)
1. Nov.	Allerheiligen
25./26. Dez.	Weihnachten

GELD & KREDITKARTEN

Zahlungsmittel in Ungarn ist der Forint (Ft., HUF). Geldumtausch ist möglich in Banken, Reisebüros, Wechselstuben und an Umtauschautomaten (bei Banken). Wechselstuben am Flughafen oder in den sehr touristischen Bereichen der Innenstadt sollten typischerweise aufgrund der unvorteilhaften Wechselkurse gemieden werden. Banken sind meist Mo–Do 8–18 und Fr 8–15 Uhr geöffnet. Auch mit den gebräuchlichsten Kreditkarten ist Geld zu bekommen (Banken, Automaten). In Budapest kann außerdem fast überall (Supermärkte, Restaurants, Kneipen, Taxis) mit Karte gezahlt werden (kontaktlos mit dem Paypass-System). Einen Währungsrechner findest du beispielsweise auf *oanda.com.*

GEPÄCKAUFBEWAHRUNG

Sicher und zentral lassen sich Koffer, Rucksack und Co. bei *Luggage Storage Budapest Hi5 (tgl. 9–19 Uhr | Fehér Hajó utca 8–10 | luggagestoragebudapest.com)* aufbewahren. Draußen klingeln, die Gepäckaufbewahrung befindet sich im Innenhof. Zahlung auch in Euro möglich.

INTERNETZUGANG & WLAN

Die Dichte der WLAN-Hotspots in Budapest ist grundsätzlich hoch. Kostenloses WLAN (Wi-Fi) gibt es in fast allen Cafés, Restaurants und Kneipen in der Innenstadt, außerdem in den Einkaufszentren (z. B. Westend in Pest, Mammut in Buda), in den großen Kaffeehausketten und am Flughafen.

KARTENVORVERKAUF

- *Broadway Jegyiroda | Mo–Fr 10–18 Uhr | Károly körút 21 | Tel. 1 780 07 80 | broadway.hu | U-Bahn 1, 2, 3 Deák Ferenc tér | Straßenbahn 47, 48, 49 | VII. Bezirk | ◫ d9*
- *Weitere Anbieter: tixa.hu | eventim.hu | jegy.hu*

MEDIEN

Internationale Tagespresse gibt es vor allem in den Zeitungsläden von *Inmedio* (rotes Schild, z. B. *Városház utca 3–5,* beim Ferenciek tere), an Kiosken in den besonders touristischen Gegenden der Innenstadt (Vörösmarty tér, Váci utca) und in den großen Hotels. Aktuelle Nachrichten und Programmtipps in deutscher Sprache findest du in der Wochenzeitung „Budapester Zeitung" *(budapester.hu)*. Qualitative Berichterstattung über Ungarn in englischer Sprache kannst du auf der Seite der größten ungarischen Onlinezeitung „Telex" *(telex.hu/english)* nachlesen. Zahllose Stadttipps und ein Listing mit vielen Restaurants und Bars der Stadt gibt's auf *welovebudapest.com/en.*

WAS KOSTET WIE VIEL?

Cappuccino	1,50–2,50 Euro *für eine Tasse*
Mittagessen	ca. 4,50–10 Euro *für ein Mittagsmenü im Restaurant*
Bier	1,50–3 Euro *für ein Glas (0,5 l)*
Taxi	ca. 1 Euro *pro gefahrenen Kilometer*
U-Bahn	rund 10 Euro *für ein 72-Std.-Ticket für das gesamte Nahverkehrsnetz*
Thermalbad	13–19 Euro *für eine Tageskarte, inklusive Umkleidekabine*

ÖFFNUNGSZEITEN

Zumeist öffnen Fachgeschäfte Mo–Fr 10–18 und Sa 10–13 Uhr. Größere Läden, Einkaufszentren und Supermärkte haben im Regelfall länger und auch sonntags geöffnet. Museen kannst du normalerweise Di–So 10–18, im Winter oft nur bis 16 Uhr besuchen.

POST

Postämter sind im Allgemeinen Mo–Fr 8–18 und Sa 8–12 Uhr geöffnet. Das

Porto für Standardbriefe und Postkarten in europäische Länder kostet 635 Ft. Die Post im Einkaufszentrum Mammut hat Mo–Fr bis 20 Uhr und Sa/So bis 14 Uhr geöffnet.

STADTBESICHTIGUNGEN

Online, in Hotels, Reise- und Tourismusbüros kannst du Stadtrundfahrten *(városnézés)* bei Tag und Nacht, Besichtigungen des Parlaments oder der Burg und Ausflüge auch in deutscher Sprache buchen. Es gibt Touren auf Segways, Elektrorollern und sogar mit Bussen, die sich in Schiffe verwandeln und auf der Donau schwimmen können *(riverride.hu)*.

Internationale Anbieter wie *Hop-on Hop-off (hoponhopoff-budapest.com)* und *Big Bus Tours (bigbustours.com/de/budapest)* bieten Rundfahrten auch im offenen Bus an – ihren Mitarbeitern wirst du an allen größeren Sehenswürdigkeiten in die Arme laufen. Für die Budapester bedeutet diese Art der Stadtbesichtigung oft Stress sowie ein erhöhtes Verkehrsaufkommen. Wenn möglich, solltest du deshalb etwas nachhaltigere Formen des Tourismus wählen, beispielsweise die *Free Walking Tours (triptobudapest.hu)*. Die Idee ist, dass es keinen festen Preis gibt, sondern dass man die (ungarischen, oft jungen) Guides am Ende der Tour mit einem Trinkgeld belohnt – je nachdem, wie zufrieden man war.

INSIDER-TIPP
Stadttour mit gutem Gewissen

Empfehlenswerte lokale Anbieter thematischer Stadtbesichtigungen (in englischer Sprache) sind zudem *Hosszú Lépés (hosszulepes.org/en)* und *Imagine Budapest (imaginebudapest.hu)*. Ein besonders persönliches Erlebnis bieten die privaten Touren von

WETTER IN BUDAPEST

Hauptsaison (Mai – Sept.) · Nebensaison (Jan. – April, Okt. – Dez.)

	JAN.	FEB.	MÄRZ	APRIL	MAI	JUNI	JULI	AUG.	SEPT.	OKT.	NOV.	DEZ.
Tagestemperaturen	2°	4°	11°	17°	22°	26°	28°	27°	23°	16°	8°	3°
Nachttemperaturen	-3°	-2°	2°	6°	11°	14°	16°	15°	12°	7°	3°	-1°
Sonnenschein Stunden/Tag	2	3	4	6	8	8	9	9	7	5	2	1
Niederschlag Tage/Monat	8	7	7	7	9	8	7	6	6	8	9	9

Cold War Private Tours Budapest (coldwarbudapest.com): In jahrelangen Recherchen sind die Veranstalter der dunklen Geschichte amerikanischer Spione im Ungarn des Kalten Kriegs auf die Spur gekommen.

TELEFON & HANDY

Die Teilnehmernummern in Budapest sind siebenstellig, die Ortsvorwahl lautet 1. Für ein Ortsgespräch wählst du vom Festnetz in Budapest nur die Teilnehmernummer. Vom Festnetz innerhalb Ungarns (Ferngespräch) sowie vom ungarischen Handy aus wählt man 06 plus Ortsvorwahl – für Budapest also 061 –, dann die Teilnehmernummer.

Die Landesvorwahl für Ungarn ist 0036, nach Budapest wählst du vom Festnetz im Ausland 00 361, dann die Teilnehmernummer. Ungarische Handynummern sind ebenfalls siebenstellig und haben normalerweise die Vorwahl 20, 30 oder 70. Um sie anzuwählen, muss von einem ungarischen Anschluss (Handy oder Festnetz) aus immer eine 06 vorangestellt werden (Beispiel: 0620, dann die siebenstellige Rufnummer).

Vorwahl nach Deutschland: 0049, nach Österreich: 0043, in die Schweiz: 0041

TRINKGELD & SERVICEGEBÜHR

In Restaurants und Kneipen ist ein Trinkgeld in Höhe von rund 10 Prozent üblich, bei der Bestellung am Barpult wird das nicht erwartet. Restaurants dürfen (für Imbissstuben gilt das nicht) eine Servicegebühr von bis zu 15 Prozent erheben, die dann auf der Rechnung ausgewiesen wird. Die Regel ist das nicht, doch Wachsamkeit schadet nicht, um am Ende nicht doppelt Trinkgeld zu zahlen.

ZOLL

Waren für den persönlichen Bedarf dürfen innerhalb der EU frei mitgeführt werden, z. B. 10 l Spirituosen, 110 l Bier und 800 Zigaretten. Wein kann in unbegrenzter Menge für eine Verwendung zu privaten Zwecken mit nach Deutschland gebracht werden. Für die Schweiz gelten Freimengen von 1 l Spirituosen, 5 l Bier und 250 Zigaretten. *zoll.de | bazg.admin.ch*

NOTFÄLLE

DIPLOMATISCHE VERTRETUNGEN

- *Deutsche Botschaft: Úri utca 64–66 | Tel. 1 488 35 00 | budapest.diplo.de | Bus 16, 16A, 116 Kapisztrán tér | I. Bezirk | a8*
- *Österreichische Botschaft: Benczúr utca 16 | Tel. 1 479 70 10 | bmeia.gv.at/oeb-budapest | U-Bahn 1 Bajza utca | VI. Bezirk | F7*
- *Schweizer Botschaft: Stefánia út 107 | Tel. 1 460 70 40 | eda.admin.ch/budapest | Bus 5, 7 Stefánia út/Thököly út | XIV. Bezirk | H7*

NOTRUF

Ambulanz: *Tel. 104* (Notfallambulanz gratis, falls ein medizinischer Eingriff unmittelbar erforderlich ist)
Polizei: *Tel. 107, Hotline 1 443 55 00*
Feuerwehr: *Tel. 105*
Euronotruf: *Tel. 112*

SPICKZETTEL UNGARISCH

SMALLTALK

ja/nein/vielleicht	igen/nem/talán	igän/näm/tollahn
bitte	kérem	kehräm
danke	köszönöm	kössönöm
Gute(n) Morgen!/Tag!/ Abend!/Nacht!	Jó reggelt!/napot!/ estét!/éjszakát!	Joh räggält/noppot/ äschteht/ehssokkaht
Hallo!/Auf Wiedersehen!	Halló!/Viszontlátásra!	holloh/ wissontlahtahschro
Tschüss!	Szia; Sziasztok!	ssio; ssiosstok
Ich heiße …	…-nak hívnak.	…-nokk hihfnokk
Wie heißt du?/Wie heißen Sie?	Hogy hívnak?/Hogy hívják Önt?	hodj hihfnokk?/hodj hihfjahk öhnt?
Entschuldige!/ Entschuldigen Sie!	Bocsáss meg!/ Bocsásson meg, kérem!	botschahsch mäg/ botschahschonn mäg, kehräm
Wie bitte?	Tessék?	täschschehk?
Das gefällt mir (nicht).	Ez (nem) tetszik.	äs (näm) täzzik

ZEIGEBILDER

ESSEN & TRINKEN

Die Speisekarte, bitte.	Az étlapot kérem.	**os ehtlopot kehräm**
Könnte ich bitte … haben?	Hozna nekem kérem …?	**hossno näkäm kehräm …?**
Salz/Pfeffer/Zucker	só/bors/cukor	**schoh/borsch/zukor**
Essig/Öl	ecet/olaj	**äzät/oloj**
Milch/Sahne/Zitrone	tej/tejszín/citrom	**täj/täjssihn/zitrom**
mit/ohne Eis/ Kohlensäure	jéggel/jég nélkül/ szénsavas	**jehgäl/jehg nehkül/ ssehnschowosch**
Vegetarier(in)/Allergie	vegetáriánus/allergia	**wägätahriahnusch/ olärgio**
Ich möchte zahlen, bitte.	Fizetni szeretnék, kérem.	**fisätni ssärätnehk kehräm**
Rechnung/Quittung	számla/nyugta	**ssahmlo/njugto**
bar/Kreditkarte	készpénz/hitelkártya	**kehspehns/ hitälkahrtjo**

NÜTZLICHES

Wo ist …?/Wo sind …?	Hol van …?/ Hol vannak …?	**hol wonn …?/ hol wonnokk …?**
Darf ich Sie/hier fotografieren?	Szabad itt/Önt fényképezni?	**ssobod iht/öhnt fehnjkehpessni?**
Wie viel Uhr ist es?	Hány óra (van)?	**hahnj ohro (wonn)?**
heute/morgen/gestern	ma/holnap/tegnap	**mo/holnopp/tägnopp**
Wie viel kostet …?	Mennyibe kerül …?	**männjibä kärül …?**
offen/geschlossen	nyitva/zárva	**njitwo/sahrwo**
billig/teuer	olcsó/drága	**oltschoh/drahgo**
Fahrplan/Fahrschein	menetrend/menetjegy	**mänätränd/mänätjädj**
Internetzugang	internethozzáférés	**internäthossahfehrehsch**
Apotheke/Drogerie	gyógyszertár/drogéria	**djohdjssärtahr/ drogehrio**
kaputt/funktioniert nicht	rossz/nem működik	**ross/näm mühköddikk**
Panne/Werkstatt	defekt/műhely	**däfäkt/mühhäj**
Verbot/verboten	tilalom/tilos	**tilollom/tillosch**
0/1/2/3/4/5/6/7/8/9/10/ 100/1000	nulla/egy/kettő; két/ három/négy/öt/hat/ hét/nyolc/kilenc/tíz/ száz/ezer	**nullo/ädj/kettöh; keht/hahrom/nehdj/ öt/hott/heht/njolz/ kilänz/tihs/ssahs/äsär**

BUDAPEST FEELING

ZUM EINSTIMMEN & AUSKLINGEN

LESESTOFF & FILMFUTTER

DAS UNGEHEUER

Terézia Moras mitreißende Fortsetzung von „Der einzige Mann auf dem Kontinent". Romanheld Darius geht auf eine Reise u. a. nach Budapest, auf der Suche nach der Wahrheit über seine verstorbene Frau. (2013)

DER LEISE TOD

„Budapest Noir" ist der ungarische Titel von Vilmos Kondors Kriminalroman: Du wirst in einen spannenden Schwarz-Weiß-Krimi versetzt, dessen Hauptdarsteller, Polizeireporter Zsigmond Gordon, im Budapest von 1936 einen erschütternden Fall zu lösen hat. (2010)

FOR SOME INEXPLICABLE REASON

Gábor Reisz' Film über den Filmstudenten Áron ist witzig, ehrlich und sehr ungarisch – eine gute Einstimmung auf Budapest. (2014)

MOSZKVA TÉR

Ferenc Töröks Debütfilm ist Kult in Ungarn. Er spielt im Sommer 1989, u. a. auf dem Budaer Moszkva tér (Moskauer Platz), Treffpunkt für die jugendlichen Protagonisten des Films. Der Platz wurde übrigens 2011 umbenannt in Széll Kálmán tér, aber für die Budapester ist und bleibt er ihr Moszkva tér. (2001)

PLAYLIST QUERBEET

0:58

PANNONIA ALLSTARS SKA ORCHESTRA – BUDAPEST
Begleitet von bestgelauntem Ska werden in dem Song (2009) textlich wunderbar die Widersprüche der Hauptstadt ausgeschlachtet

KARSAY DOROTTYA – NEM TETSZIK A RENDSZER
Der von verschiedenen Aktivisten geschriebene Song („Das System gefällt mir nicht") von 2011 richtet sich an die Fidesz-Partei

ILLÉS – KERESEM A SZÓT
Populäre Beatband der 60er- und 70er-Jahre – Frontmann Lajos Illés singt natürlich über die Liebe

SZABÓ BALÁZS BANDÁJA – KÖZELEBB
Unpeinliche Weltmusik, Folk und Pop mit lyrischen Texten (2012)

KARÁDY KATALIN – JÓ ÉJT BUDAPEST
„Gute Nacht, Budapest": seit den 40er-Jahren ein zauberhaftes Stück

Den Soundtrack zum Urlaub gibt's auf **Spotify** unter **MARCO POLO Hungary**

Oder Code mit Spotify-App scannen

AB INS NETZ

BUDAPEST DESIGN MAP
Aus Anlass der Budapest Design Week 2016 entwickelte englischsprachige App mit genialen Tipps zu Design-Hotspots. Must-have!

FACEBOOK: PESTER MERKUR
Deutschsprachiger politischer und zeitgeschichtlicher Blog, der die neuesten Entwicklungen in Ungarn und speziell in Budapest kritisch beleuchtet

OFFBEATBUDAPEST.COM
Der Ungar Tobias Tas schreibt über die weniger bekannten gastronomischen und kulturellen Seiten Budapests (in englischer Sprache). Auch stets aktuelle Facebook- und Instagram-Seiten

BKK FUTÁR
Die GPS-basierte App der Budapester Verkehrsbetriebe erlaubt es, in der unmittelbaren Entfernung alle öffentlichen Verkehrsmittel zu sehen

BOLT
Leicht zu bedienende App, mit der man im Nu ein CO_2-neutrales Taxi rufen kann – ohne erklären zu müssen, wo man sich gerade befindet

TRAVEL PURSUIT

DAS MARCO POLO URLAUBSQUIZ

Weißt du, wie Budapest tickt? Teste hier dein Wissen über die kleinen Geheimnisse und Eigenheiten von Stadt und Leuten. Die Lösungen findest du in der Fußzeile. Und ganz ausführlich auf den S. 20–25.

❶ Wenn es nach dem Wort *talpraesett* geht, sind die Ungarn nicht auf den Kopf gefallen, sondern …?

a) auf die Hände
b) auf die Füße
c) auf den Rücken

❷ Was stinkt in Budapest nach faulem Ei?

a) die Höhlensysteme im Burgberg
b) die Donau an Sommertagen
c) die Schwefelwasserbecken in den Thermalbädern

❸ Wer hielt sich früher klassischerweise in Budapester Kaffeehäusern auf?

a) Schriftsteller, Journalisten und Künstler
b) Flussschiffer
c) Teehändler

❹ Welches der folgenden Wörter ist ungarisch?

a) Nejnezdevĕtadevadesáteroznásobovávatelnĕjšími
b) Megszentségteleníthetetlenségeskedéseitekért
c) Muvaffakiyetsizleştiricileştiriveremeyebileceklerimizdenmişsinizcesinesiniz

Lösungen: 1b, 2c, 3a, 4b, 5a, 6c, 7b, 8b+c, 9a, 10c, 11b

Legendär, das Gerbeaud. Doch wofür waren die Kaffeehäuser früher berühmt?

❺ Wie nennen manche Regierungskritiker das Regime von Premierminister Orbán?

a) Orbánistan
b) Fidesz-Land
c) Gulaschdiktatur

❻ Was ist „Safran des Ostens"?

a) eine Currymischung
b) Vanilleschoten
c) Paprikapulver

❼ Was findet sich oft in Budapester Hinterhöfen und leer stehenden Häusern?

a) Zeltvermietungen
b) Ruinenkneipen
c) mobile Büchereien

❽ Wodurch zeichnet sich der ungarische Jugendstil aus?

a) auffallende Schmucklosigkeit
b) ornamentale Dekadenz
c) eine eigene Architektursprache

❾ Gibt es in Budapest Thermalwasserhöhlen?

a) Ja, sehr viele
b) Ja, aber nur wenige
c) Nein, nur Thermalbäder

❿ Welcher dieser Gegenstände wurde von einem Ungarn erfunden?

a) Schreibmaschine
b) Computer
c) Kugelschreiber

⓫ Warum ist die Donau am Sankt-Stephans-Nationalfeiertag der heimliche Star?

a) Weil dann das jährliche Drachenbootfestival stattfindet
b) Weil sich das große Feuerwerk in ihr spiegelt
c) Weil dann der Donaukarneval gefeiert wird

REGISTER

LOB ODER KRITIK? WIR FREUEN UNS AUF DEINE NACHRICHT!

Trotz gründlicher Recherche schleichen sich manchmal Fehler ein. Wir hoffen, du hast Verständnis, dass der Verlag dafür keine Haftung übernehmen kann.

MARCO POLO Redaktion • MAIRDUMONT • Postfach 31 51
73751 Ostfildern • info@marcopolo.de

Impressum
Titelbild: Blick von der Fischerbastei über die Donau zum Parlament (huber-images: L. Debelkova)
Fotos: huber-images: M. Borchi (2/3, 17, 48), L. Debelkova (12/13, 138/139), M. Ripani (117), R. Schmid (6/7, 40, 43, 68, 78/79), R. Taylor (110/111), TC (56, 83, 84, 95, 97), L. Vaccarella (9, 26/27, 37, 112/113); Laif: Barth (89), E. Häberle (22), Hahn (121), G. Lengler (35, 126/127), J. Modrow (73), P. Rigaud (67), D. Schwelle (86, 90/91), B. Steinhilber (106/107), Stukhard (100), A. Volgyi (98, 108/109); Laif/SZ Photo: J. Giribas (140/141); Look: E. Fleisher (46, 62/63), I. Pompe (24); Look/age fotostock (11); mauritius images/Alamy: T. G. Bencomo (Klappe vorne außen, Klappe vorne innen/1), M. G. Casella (61), EFesenko (52), R. Johnson (31), W. Lemlerkchai (21), Piya Travel (71), M. Slusarczyk (59), Soma (77); mauritius images/imagebroker/Funkystock: P. Williams (14/15); mauritius images/Photononstop (45); mauritius images/robertharding (104/105); mauritius images/Travel Collection (32); picture-alliance: K. Rose (10); picture-alliance/EPA-EFE: Z. Szigetvary (103); picture-alliance/picturedesk.com: R. Newald (74); picture-alliance/Shotshop: Givaga (4), JB (8); Shutterstock: RossHelen (128/129); L. Weil (143)

19., aktualisierte Auflage 2023

Autorinnen: Rita Stiens, Lisa Weil; Redaktion: Corinna Walkenhorst; Bildredaktion: Anja Schlatterer
Kartografie: © MAIRDUMONT, Ostfildern (S. 114–115, 118–119, 123, 125, Umschlag innen, Umschlag außen, Faltkarte Hauptkarte); © MAIRDUMONT, Ostfildern; Hallwag Kümmerly+Frey AG, CH-Schönbühl/Bern (Faltkarte Nebenkarten); © MAIRDUMONT, Ostfildern, unter Verwendung von Kartendaten von OpenStreetMap, Lizenz CC-BY-SA 2.0 (S. 28–29, 33, 38, 47, 51, 55, 58, 64–65, 80–81, 92–93)
Als touristischer Verlag stellen wir bei den Karten nur den De-facto-Stand dar. Dieser kann von der völkerrechtlichen Lage abweichen und ist völlig wertungsfrei.
Gestaltung Cover, Umschlag und Faltkartencover: bilekjaeger_Kreativagentur mit Zukunftswerkstatt, Stuttgart; Gestaltung Innenlayout: Langenstein Communication GmbH, Ludwigsburg
Spickzettel: in Zusammenarbeit mit PONS Langenscheidt GmbH, Stuttgart
Konzept Coverlines: Jutta Metzler, bessere-texte.de

Printed in Poland

FSC www.fsc.org
MIX
Papier | Fördert gute Waldnutzung
FSC® C018236

MARCO POLO AUTORIN
LISA WEIL
Als Tochter ungarischer Eltern in Stuttgart geboren, fand Lisa Erzsa Weil während ihres Studiums an der Budapester Elte-Universität heraus, dass man auch zwei Heimaten haben kann. Immerhin gibt es Spätzle auch in Ungarn, die *galuska*. Und das ist doch die Hauptsache, oder? Lisa lebt und arbeitet in Budapest als Journalistin, Übersetzerin, Texterin und Konzepterin.

BLOSS NICHT!

FETTNÄPFCHEN UND REINFÄLLE VERMEIDEN

AUF DER STRASSE GELD TAUSCHEN

Tausch kein Geld bei fliegenden Händlern – das ist illegal, und du wirst mit Sicherheit betrogen und womöglich auch noch bestohlen. Geh auch nicht auf Angebote auf offener Straße ein, iPhones oder Parfüm zu kaufen.

DAS AUTO UNBEWACHT ABSTELLEN

Stell dein Auto während deines Aufenthalts auf einem sicheren Parkplatz ab und lass keine Wertsachen oder Papiere darin zurück. Auf *ezparkbudapest.com* kannst du direkt einen bewachten Parkplatz reservieren.

SICH ÜBER POLITISCHE HALTUNGEN WUNDERN

Zwar hat Budapest 2019 einem grün-linksliberal eingestellten Oberbürgermeister seine Stimme gegeben. Viele Einwohner äußern trotzdem sehr konservative oder sogar rechtsextreme Meinungen. So ärgerlich es auch ist, nimm's dir nicht zu Herzen, wenn sich ein Taxifahrer über Geflüchtete oder Roma aufregt.

DROGEN KONSUMIEREN

Klarer Fall: Lass die Finger von Marihuana, Ecstasy & Co. Partydrogen werden oft gepanscht, was die Wirkung unkalkulierbar macht. Und: Drogenbesitz und -konsum können in Ungarn mit bis zu zwei Jahren Gefängnis bestraft werden.

OHNE PREISKONTROLLE BESTELLEN

In der Vergangenheit kam es vor allem in touristischen Lokalen leider vor, dass stark erhöhte Rechnungen ausgestellt wurden. Überprüf am besten die Rechnung und frag nach, wenn z. B. nicht bestelltes Brot gebracht wird, ob dies kostenlos ist.